MARIE-JULIE

STIÉNON DU PRÉ

MARIE-JULIE

STIÉNON DU PRÉ

DE L'INSTITUT

DES

DAMES DE SAINT-ANDRÉ, A TOURNAI

PAR

LE P. CHARLES CLAIR

DE LA COMPAGNIE DE JÉSUS

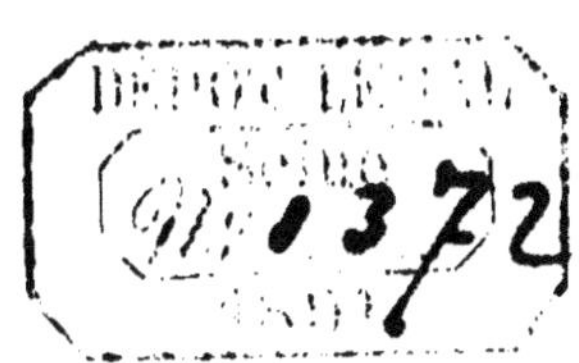

BRUXELLES

A LA SOCIÉTÉ BELGE DE LIBRAIRIE

(ANCIENNE MAISON GOEMARE)

16, RUE TREURENBERG, 16

1891

Trente ans passés sous le toit paternel ou dans le secret d'une maison religieuse, voilà une vie courte, bien simple, et qui, ce semble, n'a pas d'histoire. « Le juste, qu'a-t-il fait ? » se demandait-on déjà au temps du roi David : *Justus autem quid fecit ?* Rien d'extraordinaire peut-être, rien d'éclatant. Mais, si le regard superficiel de l'homme s'arrête au dehors, l'œil de Dieu pénètre jusqu'au fond des cœurs et y contemple des merveilles cachées au monde.

En ouvrant ce livre, quelques-uns, sans doute, se poseront une question semblable : Cette humble jeune fille, enlevée si tôt à l'affection des siens, qu'a-t-elle fait qui mérite qu'on en garde le souvenir ? — Rien de plus que son bienheureux compatriote, saint Jean Berchmans, auquel Léon XIII décernait naguère les honneurs suprêmes de la canonisation. Elle a vécu en peu d'années une longue vie, pour avoir excellemment fait les moindres choses ; elle a mis tout son cœur à remplir en perfection sa tâche modeste, jetant dans l'obscurité une lueur discrète, comme la lampe qui brille et se consume devant l'autel.

Telle fut bien Marie-Julie, que nous proposons en exemple aux âmes généreuses qui ne comptent pas avec Dieu, cherchent le bonheur dans son amour et trouvent la joie dans le sacrifice.

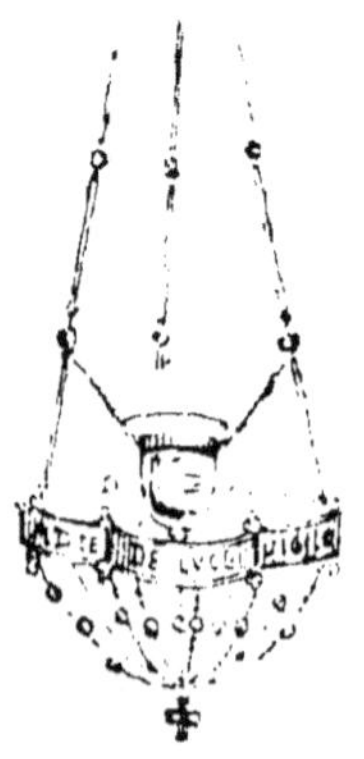

MARIE-JULIE

STIÉNON DU PRÉ

I

PREMIÈRE ENFANCE

Fille aînée de M. Stiénon du Pré et de Madame, née Julie de la Roche, Marie, qui en religion joignit à son nom celui de sa mère, naquit le 11 février 1856, au château de Thieusies, en Hainaut. Dès le lendemain, elle reçut le saint baptême dans l'église paroissiale ; elle eut pour parrain M. Alexandre de la Roche, son aïeul maternel, et pour marraine la comtesse Gustave Visart de Bocarmé.

Nous dirons peu de chose des premières années de cette enfant à qui Dieu fit la grâce de naître et de grandir dans une atmosphère de foi et de piété chrétiennes. Son père, témoin attentif de ses premiers progrès et de ses précoces vertus, lui rend ce témoignage, qu'il nous suffira de consigner ici : « Elle fut toujours bonne et fort gentille ; mais à partir de sa première communion surtout, elle

prit un air de dignité qu'elle conserva toujours.
Ceux qui ne la connaissaient que superficiellement
pouvaient lui supposer quelque fierté, et moi-
même je me plaisais à l'appeler *Madame la mar-
quise ;* mais à cette grandeur d'âme qui me frappait
dans mon enfant ne se mêlait aucun vestige d'orgueil et de vanité. Dès cette époque on devinait la
pureté parfaite de son cœur, et il était aisé de voir
que Dieu la comblait de faveurs toutes spéciales. »

Nous connaissons l'intérieur chrétien où Marie
a vécu. Sous le toit paternel, elle trouvait Dieu
toujours présent dans la gracieuse chapelle où,
chaque matin, la cloche appelle pour le saint sacrifice la famille entière, maîtres et serviteurs. La
prière en commun rendait facile et doux l'accom-
plissement d'un devoir de piété qui pèse à l'enfant
réduit à le remplir seul. Marie avait une jeune
sœur et deux frères qu'elle aimait de tout son cœur
et que, sans presque y penser, elle formait à son
image. On travaillait, on jouait ensemble dans le
jardin, près de la grande volière ; car ces trois
choses charmantes égayaient la maison : les enfants, les oiseaux et les fleurs.

ENTRÉE DE MARIE A SAINT-ANDRÉ

Marie avait huit ans quand Dieu l'achemina doucement dans la voie du sacrifice, en la sevrant, en partie du moins, des douceurs de la vie de famille. Comme la sainte Vierge conduite par ses parents au temple, elle fut amenée par les siens à cette maison de Saint-André, où plus tard elle s'enfermera pour toujours. L'intelligence de ce récit demande que nous disions un mot de cet institut, l'un des plus anciens et des plus célèbres de la catholique Belgique.

La congrégation des Dames de Saint-André remonte très haut, jusqu'au plus beau siècle du moyen âge. Par une bulle du 28 octobre 1249, le pape Innocent IV la prenait sous sa protection. Immuable dans son esprit de ferveur et de zèle, elle n'en sut que mieux s'adapter aux nécessités plus urgentes de chaque époque : hospitalière au temps des croisades, infirmière durant la longue période des guerres et des troubles politiques, elle se voua à la vie contemplative au dix-septième siècle, quand la salutaire influence du saint concile de Trente détermina cette vraie renaissance, cette floraison de sainteté qui fut pour l'Église catholique comme un nouveau printemps.

Mais bientôt l'enseignement des jeunes filles, trop négligé jusqu'alors, sollicita le zèle des Dames de Saint-André, qui désormais, unissant l'activité de Marthe au recueillement de Marie, se partagèrent entre les pieux exercices du cloître et les labeurs de l'éducation.

La Révolution française les chassa de leur antique demeure ; mais, peu d'années après, avec l'aide de la divine Providence, elles parvinrent non sans peine à racheter et à restaurer leur monastère. En 1836, treize d'entre elles prononçaient les vœux de religion. Quand les troubles de Rome, qui exilaient Pie IX à Gaëte, forcèrent le R. P. Roothaan, général de la Compagnie de Jésus, de chercher un refuge à l'étranger, le vénérable proscrit, arrivé à Tournai, fut sollicité par l'évêque du diocèse et les supérieurs de la communauté de laisser traduire les règles de son Institut, à l'usage des Dames de Saint-André.

Le Père général y consentit volontiers et chargea quelques-uns des siens de donner aux religieuses des instructions pratiques [1]. Ces règles, observées fidèlement durant plusieurs années, leur furent enfin canoniquement imposées, au nom du Saint-Siège, par Son Excellence Mgr Gonella, nonce apostolique en Belgique, et dès lors l'Institut de Saint-André prit un grand accroissement. A Tournai, une école gratuite, fréquentée par plus de trois cents enfants fut annexée au pensionnat. A Bruges, fut fondée une école normale où les religieuses de diverses congrégations et de différents diocèses sont envoyées par leurs évêques. Le groupe scolaire comprend en outre, dans cette ville, un pensionnat, un externat et une école d'application ouverte aux enfants de la classe ouvrière. Il en est à peu près de même à Charleroi. Enfin, dans l'île de Jersey, une vaste maison d'éducation, qui fait l'ornement de Saint-Hélier, réunit un grand nombre de jeunes filles de toutes les classes, tandis que la maison de Saint-Mathieu, à deux lieues de la ville, sert d'asile aux enfants pauvres.

Tel est cet Institut des Dames de Saint-André, avec lequel Marie Stiénon du Pré allait faire si

---

1. Ce fut le R. P. Jennesseaux qui travailla à cette traduction des règles qu'il expliquait lui-même aux religieuses de Saint-André.

intime connaissance. Bien qu'elle ne fût d'abord que demi-pensionnaire, l'enfant trouva bien pénible cette première séparation ; mais bientôt l'affection que lui témoignaient à l'envi ses maîtresses et ses compagnes lui fit regarder le couvent comme une autre maison paternelle. Là, en effet, rien de triste, rien de trop austère. Les vastes corridors, les classes bien aérées, les beaux ombrages qui abritent les joyeux ébats aux heures de la récréation, les jolis oratoires, la grande église gracieusement décorée aux jours de fête, tout contribuait à dilater le cœur et à éloigner toute idée de prison.

Aussi, la première appréhension passée, les commencements de Marie au pensionnat de Saint-André furent heureux. Formée dès l'enfance à la piété, elle s'appliqua généreusement au travail, en esprit de foi et pour l'amour de Dieu. Docile envers ses maîtresses, douce à ses compagnes, elle savait déjà, comme d'instinct, l'art difficile de s'oublier pour l'utilité ou le plaisir des autres. Dans l'ardeur du jeu, elle cédait volontiers, sans ressentiment et sans amertume, toujours prompte à rendre service, à s'imposer un sacrifice pour l'épargner à quelqu'une de ses petites amies.

C'est ainsi qu'elle se prépara longuement et sérieusement à sa première communion. Elle accomplit cette grande action, qui décide souvent de la vie entière, le 7 avril 1867, dans l'église primaire de Saint-Brice, sa paroisse. Quelques paroles, échappées plus tard à ses lèvres, si discrètes quand il s'agissait d'elle-même, nous font deviner quelque chose de ce qui se passa au fond de son âme au moment où l'Hôte divin en fit son vivant tabernacle. « Jamais, disait-elle en confidence, jamais on ne saura les grandes grâces dont j'ai été comblée lorsque je reçus Notre-Seigneur pour la première fois. Je compris dès lors toute la beauté de la vertu, et n'eus plus d'autre désir que de la pratiquer, d'autre aspiration que vers Jésus à qui je voulais désormais appartenir tout entière. »

Son père nous dit à son tour, en parlant de la perfection précoce de sa chère enfant: « Il suffisait de la voir communier pour être convaincu des grandes grâces que Dieu se plaisait à lui faire. Que de fois je l'ai vue s'approcher ainsi de la sainte table ! Il y avait alors en elle un respect, une dignité, et en même temps sur ses traits une expression de bonheur que je n'oublierai jamais.

« C'est la seule chose qui m'ait frappé dans sa vie de jeune fille. Elle ne se distinguait pas des autres au milieu de nous. Sa piété était large, bien entendue, probablement sévère pour elle-même, mais indulgente pour les autres. Aimant la musique, elle chantait volontiers et se mettait au piano avec entrain. Naturellement gaie, elle riait sans contrainte. Son cœur affectueux s'épanchait en caresses dont j'ai eu une très grande part. Elle était enfin, avec sa sœur Louise, la joie du foyer paternel. Mais ces jours de bonheur se sont éteints dans les larmes... Que Dieu soit béni malgré tout ! »

Peu de temps après sa première communion, le 13 juin, Marie fut confirmée par Mgr Labis, évêque de Tournai. Ces deux dates, avec celle de son baptême, lui étaient extrêmement chères ; elle les avait inscrites par ordre de temps, et en célébrait l'anniversaire dans toute la joie de son cœur.

On la vit dès lors grandir rapidement en grâce et en vertu, et commencer à mettre sérieusement en pratique cette maxime que nous relisons sans cesse dans ses notes spirituelles : MA VIE, C'EST LE DÉVOUEMENT.

LA JEUNE CONGRÉGANISTE

Il est d'usage dans toutes les maisons d'éducation chrétienne d'enrôler sous la bannière de la sainte Vierge et des saints une élite d'élèves capables, par leur piété généreuse, par leur application plus grande au travail, par leur esprit de zèle et de sacrifice, d'entraîner les autres à la pratique du bien et de leur servir de modèle. Saint-André compte jusqu'à quatre de ces petits bataillons qui ouvrent successivement leurs rangs aux meilleures, suivant leur âge et leurs progrès. C'est, pour les plus jeunes enfants, la congrégation du *Petit-Jésus;* la congrégation des Saints-Anges pour celles qui ont fait la première communion, et pour les plus grandes et les plus avancées, la congrégation de Saint-Louis de Gonzague et celle de la Très-Sainte-Vierge. Dans chacune d'elles, Marie fut admise tour à tour.

Ce fut dans la première de ces pieuses associations qu'elle puisa cette tendre dévotion envers le

divin Enfant de Bethléem et de Nazareth, qui se
révèle dans sa correspondance intime, et cet amour
pour les enfants pauvres adoptées par leurs compagnes plus fortunées, et qu'on a coutume, dans
une pensée de foi bien touchante, d'appeler *les
petits Jésus*.

Admise en 1868 dans la congrégation des Saints-
Anges, elle s'y fit remarquer par la ferveur communicative qu'elle apportait à la récitation des
prières communes et par le zèle qu'elle déployait
à propos pour embellir le modeste oratoire, surtout pour encourager toutes les autres à mieux
travailler, à mieux obéir. Marie, pendant les récréations, se montrait si prévenante, si aimable, si
pleine de gaieté et d'entrain, si habile à organiser
les jeux, à calmer les petites colères, à seconder
en tout ses maîtresses, qu'on la nommait dès lors :
le petit capitaine. Il y avait, en effet, chez cette
enfant quelque chose de viril et de martial qui
lui donnait de l'autorité, tandis que son exquise
bonté lui gagnait tous les cœurs. C'est le témoignage que lui rendent ses compagnes. « Dans nos
rondes bruyantes, écrit l'une d'elles, quand nous
en arrivions au refrain traditionnel : *Cher Saint-
André, nous t'aimerons toujours,* Marie chantait

de toute la force de sa belle voix, en me pressant la main au point de me faire demander merci.

« Les plus délaissées étaient l'objet de ses préférences. Jamais elle ne cherchait son propre plaisir ; toujours elle était prête à approuver le jeu proposé, à renoncer à celui qu'elle avait organisé elle-même, à condescendre, en un mot, à toutes nos fantaisies, tant qu'elles n'allaient pas contre la règle qu'elle respectait toujours. Elle avait mille industries pour animer la récréation et nous la rendre agréable. Elle voulait qu'on s'amusât, et plus d'une fois elle se serait, pour cela, dépensée outre mesure, si la vigilance de nos bonnes Mères n'avait tempéré son ardeur.

« Tantôt elle proposait à quelqu'une de ses amies une courte visite au Saint Sacrement ou à la sainte Vierge ; tantôt elle épanchait son âme dans la nôtre, s'efforçant de nous communiquer son amour pour la sainte communion. « Pour « moi, disait-elle avec une humble émotion, j'ai le « bonheur de m'unir fréquemment au bon Jésus, « et je voudrais voir toutes les autres participer « aux grâces que je reçois. »

L'amour de Dieu allège le fardeau du devoir et lui donne tout son mérite ; c'est pour plaire à

Dieu que Marie s'adonnait patiemment à l'étude,
qui, disons-le, n'avait guère d'attraits pour elle.
Des indispositions peu graves, mais prolongées,
ralentirent ses progrès ; de plus, par tempéra-
ment, elle était plutôt portée à l'action ; elle dut
donc s'imposer quelque effort pour s'appliquer
au travail de la classe. D'autant plus que le programme de Saint-André, mis au niveau des plus
complets, comprend maintes choses regardées
aujourd'hui, à tort ou à raison, comme indispen-
sables aux jeunes filles. Il ne s'agit plus seulement
de savoir convenablement lire, écrire, calculer, à
la façon de nos grand'mères, dont beaucoup cependant étaient des femmes d'esprit ; il faut ajouter
à la grammaire, à l'arithmétique, l'histoire, la
littérature, l'algèbre, la géométrie, l'astronomie,
des principes de logique, que sais-je encore? Le
progrès l'exige, paraît-il ; en tout cas, c'est une
nécessité pour les maisons d'éducation chrétienne
de n'être inférieures à nulle autre, même sous ce
rapport, et de faire de leurs élèves, sinon des
savantes ridicules, du moins des jeunes filles solidement instruites. En parcourant le programme
des études suivi au pensionnat de Saint-André, ce
qui nous console, c'est la large part faite aux

notions d'hygiène, d'économie domestique, de tenue des livres, et aux divers genres d'ouvrages à l'aiguille.

Marie apportait à quelque occupation que ce fût l'énergie de son caractère et le sérieux d'un esprit mûr avant l'âge. Elle savait, au besoin, poser le doigt sur ses lèvres pour rappeler la loi du silence et montrer sa résolution de ne pas l'enfreindre. Aussi ses maîtresses et ses compagnes s'accordaient-elles à l'appeler *l'enfant du devoir*. Elle ne pouvait comprendre qu'on se permît d'y manquer; une légère faute chez autrui offensait sa délicatesse de conscience; parfois même, dans les commencements, elle ne pouvait réprimer quelque signe d'indignation; mais elle corrigea bientôt ces premiers mouvements d'un zèle un peu excessif, et prit même pour matière d'examen particulier la patience et le support du prochain.

Dès ces premiers temps, nous l'avons dit, une seule pensée l'inspire et la conduit : le dévouement, le sacrifice. A l'occasion d'une séparation pénible, cette toute jeune fille écrit : « Cela m'a prouvé une fois de plus qu'il n'y a que sacrifices en cette vie. Dieu seul ne nous quitte jamais. » Malade et soumise à une opération cruelle, vaillamment supportée : « J'ai reçu dix coups de bistouri dans la gorge, mande-t-elle à une amie ; j'ai bien souffert, je l'avoue, et sans le souvenir du bon Dieu et de ma Mère du ciel, je n'aurais pu m'y résoudre. Ce n'est pas sans un peu de peine que j'ai dit mon *fiat*. »

Elle confie à son petit cahier de notes intimes des sentences semblables à celles-ci : « Le bonheur n'est que dans l'amour de Dieu. — Amour et sacrifice, voilà la vie chrétienne. — Qui a Jésus a tout. — Dieu seul en tout ; Dieu partout ; Dieu toujours ! — Combattre, c'est avancer. — Tout passe, et nous passons aussi. — Tout passe : attachons-nous à Dieu, comme au seul bien véritable. — Le devoir avant tout ! — Mon premier devoir c'est d'obéir à Dieu. »

Un don bien rare chez une enfant si jeune, c'était la parfaite possession de soi. « Elle n'allait que jusqu'où elle voulait ; elle savait s'arrêter court, dès qu'elle le jugeait opportun. » C'est le témoignage d'une de ses amies. Il y avait dans sa physionomie et dans toute sa personne quelque chose de décidé. Elle savait ce qu'elle voulait ; elle voulait fortement.

« Tu hésites, disait-elle un jour à une de ses

compagnes qui ne pouvait se déterminer à un acte pénible ; pour moi, je ne voudrais rien refuser à Jésus. J'entends lui donner tout de suite ce qu'il désire. »

Une autre fois, rencontrant une amie qu'elle encourageait dans la voie du bien, Marie l'arrête vivement et lui dit tout à coup : « C'est bien pour le bon Dieu, n'est-ce pas, que tu m'aimes? Sans quoi, je ne veux pas... »

« Une des plus grandes grâces de ma vie, disait-elle, fut celle que je reçus à l'âge de quatorze ans. Comme je lisais le dixième chapitre du second livre de l'Imitation de Jésus-Christ : *Qu'il est doux de mépriser le monde pour servir Dieu*, je compris en un instant le néant des choses d'ici-bas. Dès lors j'entrepris avec toute l'ardeur de mon âge de lutter contre mes défauts, et m'adonnai sérieusement à la pratique de la vertu, désormais la seule ambition de ma vie. »

« Oh! si vous saviez, confiait-elle à une de ses maîtresses, comme, dans ma quinzième année, j'éprouvais des transports de piété impossibles à décrire! Étant à Thieusies, dans la plus grande ardeur du jeu, je saisissais parfois le moment favorable pour m'échapper et courir à la petite chapelle du parc ; et là, entourant de mes bras la statue de Marie, je me mettais à lui parler avec tant d'amour que j'avais peine à m'en détacher. »

En octobre 1870, l'invasion prussienne menaçant la France, les portes du pensionnat de Saint-André s'ouvrirent toutes larges et une hospitalité cordiale fut accordée à un grand nombre de jeunes filles que leurs parents effrayés voulaient mettre à l'abri des terreurs du moment. Elles furent reçues avec la charité traditionnelle qui accueille les nouvelles élèves comme des sœurs, et Marie Stiénon, alors Enfant de Marie et à ce titre plus particulièrement chargée d'initier les nouvelles venues aux usages de la maison, se distingua dans cette circonstance par sa bonté et sa délicatesse pour les pauvres exilées regrettant, un peu hautement parfois, la patrie absente. Elle s'attacha surtout à deux jeunes filles dont la pénible situation toucha son bon cœur. Irlandaises de naissance, elles faisaient leur éducation au pensionnat du Roule, à Paris, lorsqu'éclata la guerre. Amenées par leur mère veuve, qui s'était fixée à Paris pendant l'éducation de ses filles, elles furent placées à Saint-André, tandis que Mme D***, ne voulant point se séparer d'elles, se logeait dans un couvent de la ville. Elle fit à ses enfants, peu après la rentrée des classes, une première visite, qui devait être la dernière. Atteinte de la petite vérole avec une violence telle qu'un Père de la Compagnie de Jésus, le R. P. Verdussen, professeur de rhétorique au collège Notre-Dame, qui la confessa, contracta la maladie et en mourut, elle fut emportée en peu de jours.

On se figure la douleur des deux orphelines, se considérant encore, malgré l'affection qu'on s'efforçait de leur témoigner, comme étrangères dans la maison qui venait de les abriter.

Marie eut pour Gertrude et Fanny des attentions, des prévenances de sœur; elle obtint de ses parents qu'elles fussent considérées comme telles, et dès lors M. et Mme Stiénon du Pré témoignèrent aux amies de leur fille une bonté maternelle, leur faisant fréquemment visite, les admettant au foyer de famille aux jours de sortie et de vacances.

Marie se lia surtout avec l'aînée des jeunes filles, et quoique celle-ci fût plus âgée qu'elle et plus avancée dans les classes, grâce à une intelligence et des capacités supérieures, elle subit l'influence de sa jeune amie, la regardant comme une sœur aînée, un ange gardien, presque une mère. Marie s'efforçait de lui faire du bien, de l'affermir dans la piété, dans la vertu, et lorsque Gertrude eut quitté la pension, elle entretint avec Marie des relations où la prépondérance restait toujours à la plus jeune, et qui ne furent interrompues que par le départ de Gertrude pour le Nouveau Monde, par suite de son mariage, et par l'entrée de Marie en religion.

PREMIÈRES ŒUVRES DE CHARITÉ

La dévotion si forte et si tendre de la pieuse jeune fille envers l'immaculée Mère de Dieu grandit encore, à partir du jour où elle devint *Enfant de Marie* et prononça l'acte de consécration des congréganistes de la Très-Sainte-Vierge. Ce titre d'Enfant de Marie, elle le préférait à tous les autres; elle ne manquait jamais de le joindre à sa signature.

Fondée au pensionnat de Saint-André par le vénérable Père Boone, de la Compagnie de Jésus, le 31 octobre 1831, la congrégation de la Sainte-Vierge gardait précieusement le souvenir de bien des âmes d'élite qui l'avaient édifiée par leurs pieux exemples. C'étaient, pour citer quelques noms, Pauline du Mortier, fille de l'illustre patriote tournaisien, morte saintement en 1889, prieure des Carmélites déchaussées; Zénobie Vermersch, qui, devenue la Mère Norbertine, établit à Furnes l'Institut de la Sainte-Obéissance pour l'instruction des enfants pauvres ; Clara Bourlard (Mme Criquelion), dont la vie édifiante a été publiée en 1872 avec une lettre élogieuse de Mgr Gravez, évêque de Namur, son directeur ; Rosalie Desclée, qui couronnait naguère par une sainte mort toute une vie de dévouement et de patience, véritable providence des pauvres dans le diocèse de Tournai ; Clotilde Ortégat, abbesse et fondatrice des Clarisses d'Enghien, décédée le 28 août 1890 en odeur de sainteté....

Marie Stiénon du Pré fut digne en tous points de ses aînées. On disait d'elle : « Que je voudrais lui ressembler ! Je ne la quitte jamais sans me sentir meilleure. » Ce fut un véritable apostolat qu'elle exerça parmi ses compagnes. Les maîtresses pouvaient compter sur elle pour maintenir le bon esprit de famille, pour faire agréer joyeusement un ordre imprévu et pénible, pour mettre en tout l'entrain et la vie.

Pas une bonne œuvre établie au pensionnat à laquelle elle ne donnât son concours ; mais il en est une qui avait ses préférences : l'*OEuvre des Protégées*. A Saint-André, chaque élève du pensionnat prend sous sa protection une pauvre enfant de l'école gratuite, dont elle devient la grande sœur, presque la mère. A certains jours, il y a distribution de petits présents : pains, sabots, châles, couvertures, vêtements bien chauds pour l'hiver. Puis viennent les bons avis, les exhortations amicales, et enfin les jeux en commun, les belles parties de corde, de chariot, d'escarpolette. Et l'on ne sait si celles qui reçoivent sont plus heureuses que celles qui donnent.

En cette circonstance surtout Marie s'inspirait de la divine parole : « Ce que vous faites aux plus petits des miens, vous le faites à moi-même. »

Le 17 août 1872, la pieuse enfant, après avoir réglé dans une retraite tous les moindres détails de sa vie nouvelle, quittait, non sans larmes, sa chère maison de Saint-André pour revenir sous le toit paternel, où elle devait passer six années, en attendant l'appel définitif de Dieu.

L'âme fidèle. Fresque des Catacombes.

ENTRÉE DANS LE MONDE

Marie n'aimait pas le monde, ni rien de ce qui est dans le monde; elle en pressentait les périls, elle en méprisait les vanités. Aussi bien, sur ce point comme pour tout le reste, elle était en parfait accord avec les sentiments profondément chrétiens de sa famille. Sa mère lui donnait l'exemple d'une vie sérieuse, unie à Dieu, dévouée au prochain; Marie n'eut aucune peine à se former de plus en plus sur cet excellent modèle.

Jeune fille du monde, elle ne fut jamais mondaine; fidèle à toutes les convenances de sa position, joyeuse et d'humeur charmante, elle n'avait point de goût pour ces futilités qui dissipent l'âme, et pour ces plaisirs dangereux et bruyants qui laissent après eux tant de déceptions et de regrets.

Sa correspondance avec des amies dignes d'elle reflète à merveille ses sentiments. Si elle s'intéresse à tout ce qui les touche, si elle prend part à leurs bonheurs et à leurs peines et les tient au courant des petits événements de sa vie, elle évite avec soin les commérages et sait mêler aux riens qu'elle raconte une réflexion sérieuse, un trait édifiant, un mot du bon Dieu.

« Demain, écrit-elle, il y aura concert au parc, illumination, feu d'artifice.... Tu ne saurais croire combien tout cela me sourit peu. Une messe, un salut du Saint Sacrement contentent bien autre-ment mon cœur.

« Je fais de mon mieux le mois du Sacré-Cœur. Pour mes *heures de garde,* je m'unis à toi.... J'ai bien partagé tes impressions au sujet de ta visite à cette pauvre église de campagne, misérable ré-duit où tu as trouvé le bon Dieu. Bon, c'est bien le cas de le dire. »

« Papa s'est rendu hier à Bon-Secours, dit-elle à une de ses compagnes, le 24 septembre 1873. Il ne se sentait pas de force à cheminer à pied ; mais il a récité ses quinze rosaires et a communié au bien-aimé sanctuaire de Marie. Cette fois, ce cher père n'a plus voulu contraindre le bon Dieu à lui accorder l'objet de ses requêtes ; il a tout aban-donné à la volonté du divin Maître. Je trouve cela beaucoup plus parfait. »

Au sujet d'une jeune malade, elle écrit : « C'est

chose déchirante pour un père et une mère de se voir enlever une enfant de quatorze ans. Mais pour l'heureuse jeune fille, elle échappe à bien des dangers. »

Au mois de juin 1874, Marie rendait ainsi compte de son voyage à Paris : « Je serai bien heureuse de revoir ma chère Belgique. Jamais je n'ai senti si vivement l'amour de la patrie. Bien que je me sois faite à la vie parisienne, je n'y prends pas goût. Paris, c'est bon de le voir, mais non de l'habiter.

« Mardi soir, j'ai fait ma première visite à Notre-Dame des Victoires. Comme j'ai prié pour tous ceux que j'aime!... Et quelle foi, quelle piété dans ce sanctuaire dédié à Marie! Ce matin, j'y ai fait célébrer des messes, et demain j'espère y communier : c'est tout dire. Des cierges y ont brûlé à mes intentions; personne n'a été oublié. »

De retour à Tournai, à propos de la procession du Saint-Sacrement troublée par un orage : « Notre grande procession a été surprise par la pluie, écrit-elle; le Très Saint Sacrement a dû rentrer à l'église de Saint-Jacques pendant la messe d'onze heures. Il était touchant de voir ainsi Notre-Seigneur arriver au milieu du saint sacrifice et venir s'abriter dans son temple. Nous sommes revenues à la maison, nos robes de soie bleue presque entièrement gâtées, cela va sans dire; mais c'était pour le bon Dieu! »

Au sujet de la mort d'un petit enfant : « La Providence, dit-elle, nous envoie une rude épreuve : notre cher petit Joseph vient de mourir. Tu sais combien nous l'aimions, tu comprends notre douleur. Nous sommes désolés, bien que résignés à la volonté de Dieu. Voilà un protecteur de plus dans le ciel; mais, sur la terre, quel vide! Pauvre père et pauvre mère! Ils étaient si heureux! Patience et résignation. C'est le cas de mettre en pratique : *In fide fortitudo.* »

Et dans une circonstance semblable : « Nous sommes allées hier chez Mme de Villers du Fourneau. Son petit Joseph — l'enfant avait six ans — semble avoir le pressentiment de sa fin prochaine. Il y a quelques jours, s'adressant à sa mère, il disait : « Mère, tu m'as dit que les anges « ont des ailes : vois si les miennes ne poussent « pas. » Il ajoutait : « J'aimerais bien de rester « près de toi, maman; mais si le bon Dieu m'ap- « pelle, il faut bien que je m'en aille. » A peine échappé des convulsions par lesquelles débuta sa

maladie, il s'écria : « J'ai été à la porte du paradis,
« et je l'ai trouvée fermée. » Ces paroles prépa-
rent le cœur, bien navré, de la pauvre mère au
grand sacrifice. Quel martyr que le cœur maternel!
Et comme Mme de Villers a droit à nos prières! »

Au mois de juin 1875, Marie avait le bonheur
de faire le voyage de Lourdes. « J'y suis enfin,
écrit-elle ; je suis à Lourdes! J'ai vu de mes yeux
l'endroit où la Vierge Immaculée a posé le pied.
Je me suis rendue à la grotte bien des fois déjà, et
j'y ai prié bien des heures. J'ai même pénétré à
l'intérieur de cette grotte bénie, où je me suis en-
tretenue longtemps avec ma Mère bien-aimée.
Juge de mon bonheur! Que de demandes je lui ai
adressées! Tu penses bien que tu en as eu ta part.
Après le salut, je me suis confessée, afin de faire
la sainte communion chacun des jours que je pas-
serai ici. Nos matinées et nos soirées sont toujours réservées à la grotte. Il y règne une tranquil-
lité, une piété touchante. Aussi, désireuse d'y
passer ma première journée, avais-je refusé l'ex-
cursion à Tarbes. Nous quittons Lourdes jeudi
soir; tu ne saurais croire combien je m'y plais. »

Et au moment du départ : « Jeudi, neuf heures.
J'ai fait mes adieux à la grotte, le cœur bien gros,

je t'assure. Mais quels souvenirs j'emporte, sans parler des grâces que j'espère avoir reçues ! »

Une jeune femme de ses amies venait de perdre son mari et demeurait plongée dans une douleur amère. Cette cruelle épreuve suggère à la pieuse chrétienne les réflexions suivantes : « Le temps est beau, le monde se promène. Près de la joie il y a toujours les larmes. C'est à quoi je pensais en passant devant la demeure de Mme N. Dans la rue, c'étaient des chants, des cris : on est au temps du carnaval. A l'intérieur de cette maison, que de pleurs et quel deuil ! »

On le voit, les graves pensées de la mort, de l'éternité, du ciel, étaient toujours présentes à l'esprit de Marie. Désabusée du monde, sans en avoir jamais goûté les fausses joies, elle n'aspirait qu'aux choses de Dieu et le cherchait sans cesse. Elle aimait surtout, à l'exemple des saints, à le vénérer, à le servir dans ses membres souffrants, les pauvres, et les familles indigentes du faubourg Morelle n'ont pas oublié sa délicate charité. Avec sa mère et sa sœur, elle consacrait ses heures de loisir à travailler pour ces braves gens ; elle organisait en leur faveur des soirées musicales ; elle quêtait pour eux, sans se décourager des refus, qui lui étaient néanmoins épargnés le plus souvent, tant il était difficile de résister à ses prières. « Mam'zelle Marie, disait une bonne femme, c'est l'ange du bon Dieu. Quand on la voit, on oublie toutes ses misères. »

Dans ses visites aux pauvres, en effet, elle imitait l'action douce et prévenante des agents invisibles de la divine Bonté. De peur d'humilier, elle offrait de préférence des dons en nature, denrées, vêtements. Si les circonstances exigeaient un secours pécuniaire, elle l'accompagnait de bonnes paroles. « Tenez, disait-elle ; mettez ceci en réserve. Ce sera pour le moment où vous en aurez besoin. »

« La charité de Mlle Marie était si connue, raconte une humble ouvrière, que, presque chaque jour, l'une de nous l'attendait à l'issue de la messe, pour faire appel à son cœur compatissant. La chère demoiselle nous accueillait, nous écoutait avec bienveillance, nous permettant même de l'accompagner de l'église à sa demeure. Si le besoin était urgent, elle nous remettait aussitôt son aumône ; sinon, elle nous promettait de plaider notre cause auprès de sa bonne mère. Mais elle ne nous quittait jamais sans nous donner quelques encouragements et quelques sages conseils. Arrivée chez elle, elle

nous offrait souvent un bon livre. Jamais une re-
quête n'est restée vaine. Que de détresses sou-
lagées! que de jeunes filles sans travail placées
dans un bon atelier! Tantôt, c'était une jeune poi-
trinaire qui recevait chaque jour son repas ; tantôt
une pieuse enfant mise en mesure d'entrer au couvent. Elle s'intéressait au bien sous toutes les
formes. »

L'œuvre des saltimbanques, ou *artistes forains*,
lui était particulièrement chère. « Les Tournaisiens,
écrivait-elle le 15 septembre 1873, sont en pleine
kermesse. Je ne suis pas tournaisienne sous ce
rapport ; j'aime peu ces sortes de fêtes. Sais-tu ma
grande joie, à moi ? C'est de pouvoir, maman m'y
autorise, m'occuper des *forains*. Voici en quoi
consiste cette œuvre. Pendant toute la durée de la
foire, les enfants de ces pauvres ambulants sont
convoqués chaque jour, de neuf heures à midi et de
deux à cinq heures, les garçons chez les Frères de
Saint-Vincent de Paul, les filles à Saint-André, où
quelques demoiselles se réunissent pour leur en-
seigner le catéchisme, les prières, voire même le
signe de la croix. Il en est qui sont d'une ignorance
incroyable. Quel bonheur de leur faire connaître le
bon Dieu, dont elles n'entendent jamais parler,

de leur apprendre leurs destinées éternelles et d'adoucir leur pénible existence par l'espérance chrétienne. Nous avons vingt charmantes enfants. Combien nous sommes heureuses de nous dépenser pour ces petites âmes! »

L'année suivante, elle revient encore sur le même sujet : « Nous assisterons demain à la première communion des saltimbanques, dans la chapelle des R. Pères Jésuites. Le petit clown du cirque, âgé de douze ans, doit être baptisé ce soir sous condition, car c'est un enfant volé! Demain, il sera confirmé et recevra Jésus pour la première fois. Pense qu'il doit être encore en activité de service aujourd'hui, jusqu'à onze heures. Aussitôt la représentation terminée, l'abbé Laisné sera là pour l'emmener à son établissement et sauvegarder ainsi le jeûne eucharistique. Pauvre petit! quelle préparation au plus beau jour de sa vie! Mais il faut bien s'en contenter. Du reste, on le dit admirablement disposé; c'est un charmant enfant.

« Parmi nos jeunes élèves nous en retrouvons avec joie plusieurs de l'année dernière. Une des miennes est bien gentille; c'est Maria, la fille de la femme à trois têtes. La pauvre enfant n'en a qu'une, mais qu'elle est bien meublée! Si cette belle intelligence était cultivée, Maria serait une enfant ravissante. Elle n'a que sept ans, et nous pouvons causer ensemble comme si elle en avait seize. Il n'y a malheureusement pas de première communion cette année.

« Les récréations de nos petites foraines se prennent au jardin de Saint-André. Les élèves sont en vacances ; le silence complet qui règne dans les grandes allées nous dit assez le recueillement où sont plongées nos bonnes Mères, pour le moment en retraite. »

Avec les œuvres de la charité la plus dévouée, les simples joies de la famille et les relations d'une amitié toute chrétienne suffisaient pleinement à la pieuse jeune fille. Parents, amis, sont unanimes à témoigner de sa tendre affection pour les siens, de sa bonté, de son aimable enjouement, unis à un tact exquis et à une élévation de sentiment que faisait briller mieux encore sa parfaite simplicité. Aussi, tout le monde l'aimait et subissait sa douce influence. « Elle nous faisait un bien immense, dit une amie, et c'était pour nous une fête que sa présence au milieu de nos petites réunions, qu'elle animait par sa gaieté expansive. Néanmoins, ja-mais Marie ne se livrait entièrement : elle conservait toujours cette possession d'elle-même qui nous avait frappées dès ses jeunes années. »

Cet empire sur soi-même, cette force de volonté, avaient leur source dans la sainte Eucharistie. En présence d'une peine, d'une difficulté : « Ce n'est rien, disait-elle; demain je vais communier. »

VI

PROGRÈS DANS LA VERTU

Autorisé par Marie elle-même à révéler, pour la
plus grande gloire de Dieu, ce qu'il savait des se-
crets de son âme, son vénérable directeur, après la
mort de sa sainte pénitente, écrivait les pages édi-
fiantes qu'on va lire.

« On pourrait, ce me semble, résumer cette vie
en disant que Marie aima Dieu de tout son cœur,
de tout son esprit et de toutes ses forces, non en
paroles, mais en fait; c'est-à-dire qu'elle prouva
constamment son amour par ses actes et la manière dont elle les accomplissait. Le Ciel avait mis
en elle une âme d'une grande noblesse, un cœur
extraordinairement aimant. Comprenant de bonne
heure le néant des affections terrestres, Marie s'attacha de toutes ses forces à Dieu qui, en retour, lui
prodigua ses grâces de choix. Elle brûlait d'un
désir chaque jour plus ardent d'être à Lui tout
entière; aussi ne voulut-elle jamais admettre aucune affection qui ne tendît à cette fin.

« On peut juger par là de son éloignement pour tout ce qui est opposé à ce parfait amour de Dieu seul, de son ardeur pour tout ce qui pouvait l'y conduire. Pleine d'horreur pour le péché, même véniel, elle avait soif de sacrifice. Elle ne connaissait ni les hésitations ni les demi-mesures; dès que Dieu avait parlé, elle obéissait aussitôt, sans consulter ses goûts ou ses répugnances.

« Certaines allures naturelles auraient pu faire croire à ceux qui ne la connaissaient pas bien qu'elle avait un peu trop d'attachement à ses idées et même quelque orgueil. En réalité, elle avait de très bas sentiments d'elle-même, intimement convaincue que, sans la grâce, elle ne pouvait rien. Aussi n'entreprenait-elle jamais chose de quelque importance, sans avoir pris conseil et beaucoup prié.

« L'ombre du mal jetait son âme dans l'angoisse, et je suis convaincu qu'elle a conservé toute sa vie l'innocence baptismale. Cette pureté virginale, sauvegardée par l'humilité, l'obéissance, la mortification, faisait le bonheur de sa vie; tout ce qui la rappelle lui était particulièrement cher : la sainte Vierge, saint Jean, les petits enfants, la couleur blanche. En un mot, Marie était un ange sur la terre. »

VII

VOCATION

L'ange allait trouver le ciel ici-bas dans une union plus intime encore avec Dieu, et dans la pratique de la vie parfaite.

Toute âme humaine a sa vocation, c'est-à-dire une fin à laquelle elle est appelée, et cette fin dernière, commune à tous, c'est l'éternité bienheureuse. Or, comme pour atteindre ce terme suprême, il faut, selon la parole de Notre-Seigneur, *garder les commandements*, il n'est personne qui, dans les desseins éternels de Dieu, n'ait l'obligation de marcher par cette voie nécessaire, en vertu de cette vocation universelle.

Mais il est des privilégiés auxquels est réservée la part meilleure, prédestinés qu'ils sont à prendre un chemin plus sûr et plus court, à gravir les hauteurs, à marcher de plus près sur les traces de Celui qui a dit : « Si tu veux être parfait, quitte tout le reste, prends la croix et suis-moi. » Vocation spéciale par laquelle Dieu invite les âmes géné-

reuses à se soumettre, non plus seulement aux
préceptes, mais aux conseils évangéliques, à em-
brasser la pauvreté volontaire, la chasteté, l'obéissance, à mener, en un mot, la vie religieuse.

Cet appel divin à la perfection se fait entendre
de bien des manières : tantôt, c'est un coup de
tonnerre qui terrasse soudain, comme il arriva à
Saul sur le chemin de Damas, ou du moins un
éclair subit et éblouissant qui illumine le cœur
tout à coup et rend toute indécision impossible.
Tantôt, et c'est le cas ordinaire, l'âme ne perçoit
d'abord qu'une faible lueur, brillant à l'horizon
comme une aube encore incertaine; peu à peu, la
lumière grandit, jusqu'à l'heure où le soleil de la
grâce dissipe toutes les ombres et parvient à son
plein midi.

Il en fut ainsi pour Marie. Maints indices
faisaient depuis longtemps pressentir qu'elle n'était
pas faite pour le monde et que Dieu la voulait toute
à son service. Mais il est difficile de dire à quel
moment il parla pour la première fois au cœur de
son enfant. Au début, ce fut moins sans doute un
langage précis qu'un doux murmure, et partant,
moins une résolution arrêtée qu'un attrait intime
et encore inconscient. « Il y a deux jours, écrit-

elle à une amie, j'ai eu le bonheur d'assister à
l'émission des derniers vœux à Saint-André...
L'allocution du R. P. Jenner fut belle et fort touchante. S'inspirant de l'office du jour, — c'était le
2 juillet, fête de la Visitation, — il nous montra
Marie se levant, allant avec empressement vers les
montagnes, saluant Élisabeth, puis chantant son
sublime *Magnificat*. Voilà en trois mots le mys-
tère : Marie s'élève, elle aime, elle est heureuse.
Réunissant ensuite dans une même pensée la
Vierge de la Visitation et les vierges qui allaient
se consacrer à Dieu, l'orateur développa admirablement ces paroles, que j'ai depuis toujours présentes à l'esprit et que je savoure avec délices :
« Plus une âme s'unit à Dieu, plus elle s'élève ;
« plus elle s'élève, plus elle aime ; plus elle aime et
« plus elle est heureuse. »

Il ne semble pas que Marie, en quittant le cher
asile de Saint-André, eût dès lors le projet d'y
revenir un jour pour ne le plus quitter. Du moins,
sur cela, ses notes intimes sont muettes. Ce fut,
plus probablement, au milieu du monde, qu'elle se
détacha du monde. A mesure qu'elle le connut
davantage, elle s'affermit dans la résolution de lui
dire à jamais adieu. Dans le calme d'une vie qui

semblait heureuse, les épreuves ne lui furent pas ménagées. Tous ne comprirent pas, il s'en faut, l'élévation de cette âme que rien de vulgaire ne pouvait contenter. Elle dut renfermer au dedans les beaux sentiments qui l'animaient et souffrit beaucoup de n'être pas toujours comprise. De légers sarcasmes, des critiques mesquines, la blessaient au cœur, quand elle s'ouvrait avec une confiance naïve, sur son dessein d'agir au mieux des intérêts de Dieu et du prochain.

L'extrême délicatesse de sa conscience la rendit anxieuse, partagée qu'elle était entre son désir ardent de la perfection et la crainte de ne pas remplir ce qu'on lui disait être les devoirs d'une jeune fille du monde.

Elle vit alors clairement qu'il lui fallait prendre un grand parti et rompre avec tout ce qui n'était pas Dieu.

Sa résolution une fois prise, elle se détermina à l'exécuter au plus tôt. Mais ceux qui la dirigeaient jugèrent prudent d'ajourner la décision d'une question si grave. Il lui fut déclaré qu'il n'y avait rien à faire pour le moment et qu'elle devait accepter encore une année d'épreuve. Marie se soumit humblement, mais non sans regret; elle

promit, en versant beaucoup de larmes, de con-
tinuer la même vie ; mais elle s'efforça de mériter,
par un redoublement de fidélité et de ferveur, la
grâce qu'elle ambitionnait uniquement.

Dès lors elle s'appliqua mieux que jamais à la
méditation, aux pieuses lectures, à l'examen de
conscience, voulant, autant que possible, être déjà
religieuse dans le monde. La communion fréquente
fut son grand recours et sa plus douce consolation. On peut dire que son action de grâces, à
l'exemple de saint Louis de Gonzague, était con-
tinuelle. Elle voyait son Dieu en tout et partout
et vivait avec lui dans une filiale familiarité. Était-
elle témoin de quelque offense qui blessait le cœur
de son Bien-Aimé : « Pauvre Jésus, disait-elle,
pauvre Jésus ! » et elle cherchait par quels moyens
le consoler.

Ce qui l'affligeait plus que tout le reste,
c'était d'être contrainte *à faire attendre son Jésus*. Aussi quelle ne fut pas sa joie quand elle
put, pour ainsi dire, lui donner des arrhes
en faisant le vœu temporaire de chasteté !

VIII

CRUELLE ÉPREUVE

Marie avait dix-neuf ans, quand un incident
imprévu lui permit de faire, au sujet de sa
vocation, ses premières confidences à son père.

Les parents les plus solidement chrétiens eux-
mêmes, quand vient l'heure d'une épreuve semblable, sentent souvent leur courage faiblir. Leur
foi, quelque vive soit-elle, se trouve aux prises
avec les préjugés du monde, et l'amour naturel
pour leur enfant lutte violemment dans leur cœur
contre l'amour pourtant bien sincère qu'ils ont
pour Dieu. C'est ce qui advint une fois de plus.

C'était vers la fin d'octobre 1877. M. et
Mme Stiénon du Pré allaient, sous peu de jours,
célébrer en famille le vingt-cinquième anniversaire de leur mariage, à Thieusies, où leur
union avait été bénite. Depuis plusieurs mois tout
se préparait pour la célébration joyeuse de ces
noces d'argent qui promettaient une heureuse
journée de fête.

Une circonstance fortuite vint détruire en quelques instants ces projets d'allégresse.

On dînait en famille avant le départ, et la conversation, devenue générale, roulait sur les toilettes féminines du jour. Chacun disait son mot d'approbation ou de critique, quand Marie émit une réflexion sur la vanité des jeunes filles qui se complaisent à des ornements mondains. Cette parole, qui contrastait avec la joyeuseté des propos échangés, ne laissa pas que d'inquiéter un peu son père, qui se dit en lui-même : « Marie aurait-elle par hasard l'idée de se faire religieuse ? »

Il voulut, sans plus tarder, en avoir le cœur net.

Le dîner fini, chacun fit ses préparatifs de voyage. M. Stiénon du Pré profita d'un moment où sa fille aînée se trouvait seule dans sa chambre pour l'aller trouver et lui dire à brûle-pourpoint : « Ma chère enfant, vous avez prononcé tantôt une phrase, à propos de toilette, qui m'a donné de l'inquiétude. Répondez-moi franchement : Avez-vous l'intention d'entrer en religion? »

Marie hésite, se trouble, ne sait trop que dire. Le père insiste et la somme, au nom de l'autorité paternelle, de répondre oui ou non. La pauvre enfant se jette alors en pleurant dans les bras de celui qu'elle aimait le plus après Dieu, et celui-ci, malgré le silence de sa fille, ne comprit que trop bien quel dur sacrifice Notre-Seigneur allait lui demander.

Le premier moment fut terrible. La nature révoltée parla seule, et durement. Mais, à l'instant même, la foi reprit le dessus et le généreux chrétien courba la tête.

La fête cependant était manquée. On hésitait à partir; on s'y décida enfin; mais le voyage fut bien triste. A peine arrivée, Marie dut se mettre au lit, en proie à une émotion inexprimable. Ces jours qui promettaient tant de joie furent mornes et douloureux, et la famille ne tarda pas à regagner le foyer paternel.

Cependant l'appel de Dieu parut trop évident pour qu'on le mît longtemps en doute. M. Stiénon du Pré fit courageusement son sacrifice, et ne posa qu'une condition : c'est que sa fille passerait encore une année dans le monde, entièrement libre d'ailleurs de vivre à sa guise[1]. Mais ce bon père n'exigea

1. Marie, à cette occasion, écrivait à une amie : » Tu le sais donc, je vais me faire religieuse. Tu sais aussi que j'ai enfin

pas que l'épreuve allât jusqu'au bout. Le 1er août 1878, il dit à sa fille : « Chère Marie, à partir du jour de l'Assomption, vous êtes libre de dire adieu au monde et de vous rendre à Saint-André; mais, je vous en prie, laissez-moi ignorer le jour et l'heure de votre départ. »

Il craignait de sentir son courage faillir à ce moment suprême.

Le 24 août, à cinq heures du matin, Marie se leva sans bruit, et après une fervente prière dans laquelle, en s'offrant à Dieu, elle lui demandait pour les siens la résignation, elle s'en fut seule, par les rues encore désertes, frapper à la porte de

obtenu de la conscience de mes chers parents un consentement si pénible à leur tendresse. Tout cela est encore comme un rêve ; mais quelque douloureux qu'aient été ces jours, je ne saurais trop bénir la Providence qui a si bien conduit toute chose. Comme je remercie Dieu de l'immense grâce qu'il daigne me faire et que j'apprécierai mieux encore plus tard, je le sens. Il me choisit, ce bon Dieu, pour me donner la meilleure part. J'achète, il est vrai, cette faveur par des sacrifices : quitter une famille que l'on chérit et dont on est aimé, où l'on goûte les joies les plus légitimes, où l'on n'a sous les yeux que de bons exemples!... Mais quitter tout cela pour Dieu qui se donne lui-même en retour et qui promet encore un magnifique centuple, non, ce n'est pas trop.

« Rien n'est encore fixé quant à l'époque de mon départ; j'ai lieu de craindre qu'il ne puisse s'effectuer avant un an. »

son directeur. Il l'attendait pour la conduire à cette
maison bénie qui l'avait connue enfant et où elle
allait si tôt mourir.

Avant son départ, elle avait déposé sur la table
de sa chambre deux lettres. L'une renfermait ses
adieux à la famille qu'elle laissait désolée ; l'autre
contenait ses dispositions dernières et indiquait le
partage de ses bijoux et des menus objets à son
usage.

IX

DÉBUTS DANS LA VIE RELIGIEUSE

« L'heure des grands sacrifices est pour l'âme chrétienne l'heure des grandes vertus. » C'est ce que Marie écrivait plus tard ; dès son entrée en religion elle en fournit la preuve.

Voici en quels termes elle rendait compte à une amie de ses premières impressions. « Ta lettre m'est arrivée alors que mes larmes coulaient encore. Aujourd'hui je ne pleure plus, je t'assure, et après avoir donné à la nature ce que je ne pouvais lui refuser, je jouis du bonheur que Dieu fait goûter à l'âme qui abandonne tout pour Lui. Oui, ma chère amie, je suis heureuse, si heureuse que je voudrais faire part de ma joie à tous ceux que j'aime. »

Cette joie, Marie l'avait achetée cher. Son cœur si tendre avait été brisé à la pensée de ce que souffraient ses chers parents à cause d'elle. Et même sa douleur fut si vive que, l'âme restant vaillante, la vigueur du corps y succomba pour

un temps. D'excessives douleurs de tête, causées
par la violence que se fit la courageuse enfant
pour dominer les vives émotions de la nature,
vinrent ajouter au mérite de sa vie nouvelle. Peu
à peu la grâce divine calma la blessure, et bientôt
elle pouvait écrire : « Je suis entrée en communauté, ce qui veut dire que je suis en famille. Il
m'en a bien coûté de quitter mes chers parents ;
mais l'affection que je retrouve ici dans mes
mères et mes sœurs adoucit ma peine. »

Les premiers mois passèrent vite, et au 1er jan-
vier suivant, Marie adressait la lettre suivante à
sa famille : « Si l'année qui finit a été pour nous
une année de peines, elle a été aussi une année
de mérites. Maintenant ne sommes-nous pas heureux d'avoir donné au bon Dieu ce qu'il nous
demandait, vous, chers parents, votre fille, et je
sais ce que ce sacrifice vous a coûté ; mais votre
récompense sera grande ! Moi, qui ai tant souffert
avec vous des douleurs de la séparation, vous
verrez que bientôt je ne serai plus l'enfant que
vous croyez perdue, mais l'enfant qui vous reste.
Et puis, il me semble que je vais attirer du ciel
tant de bénédictions sur vous ! Je réitérerai tout
particulièrement demain la prière que je fais si

souvent près du tabernacle. Ma chère Louise ne sera pas oubliée. Quand on n'a qu'une sœur, il est si doux de resserrer toujours davantage les liens de l'amitié fraternelle ! »

Et après les vacances de septembre : « Nous avons repris la vie ordinaire du noviciat, vie bien douce et qui me plaît beaucoup. Nos méditations et nos prières ne me semblent ni trop fréquentes ni trop longues; rien, au contraire, ne m'est plus agréable que les moments passés près de Dieu. Là mieux qu'ailleurs je puis penser à vous, chers parents, demander pour vous à Notre-Seigneur une large compensation au sacrifice que vous lui avez fait... Ne l'oubliez pas, c'est une bénédiction pour une famille d'avoir une enfant consacrée à Dieu. Pour moi, si je puis vous obtenir du ciel de spéciales faveurs, je serai doublement heureuse! »

Enfin, quand vint le jour de la vêture, elle épancha son cœur dans celui de ses parents avec une tendresse touchante : « Me voilà sur le point de faire un grand pas qui, sans m'effrayer, m'impressionne. Le plus ardent de mes vœux va se réaliser : je revêtirai bientôt les livrées des épouses de Jésus-Christ. Vous, chers parents, soyez heureux et fiers ! Vous souffrirez sans doute en vous associant par votre présence au sacrifice dont les débuts vous ont été si durs ; mais, d'autre part, quelle ample satisfaction pour votre amour désintéressé, tout occupé de mon bonheur ! Auriez-vous pu en avoir des garanties aussi bien fondées en me conservant dans le monde ? Quel époux comparable à Celui qui m'est destiné ! Et quelle alliance plus belle, plus noble, que celle qui n'est offerte !

« Priez bien pour moi. Quand je vois toutes les faveurs dont j'ai été comblée et le peu que j'ai fait pour les mériter, je suis bien confuse. La plus grande des grâces, la grâce de ma vocation, après Dieu, je vous en suis redevable. C'est à l'éducation que vous m'avez donnée que je dois d'y avoir répondu. Merci donc, merci pour tout ce que vous avez fait pour moi... Merci et pardon ! Pardon, si je ne vous ai pas assez rendu l'affection que vous m'avez témoignée ; pardon pour tous mes torts. Oubliez-les, oublions nos peines pour nous réjouir ensemble. Que le 9 décembre soit à jamais pour nous un jour mémorable, un jour de fête plein de cette joie réelle et pure que le monde ne comprend pas.

« Je vous embrasse de tout mon cœur, mes chers

parents, vous serrant dans mes bras de toute la force de mon affection. J'embrasse également ma chère et unique sœur que j'ai toujours tant aimée, qui a été pour moi si bonne ! J'adresse au ciel pour vous tous mes vœux les plus ardents.

« Votre Marie. »

Ce fut donc le 9 décembre 1878, au lendemain de la fête de l'Immaculée-Conception, que la jeune novice prit l'habit religieux, comme si la Mère de Dieu eût voulu la recevoir elle-même dans l'aimable cortège des vierges qui suivent partout l'Agneau. Par une attention délicate, elle avait demandé de joindre à son nom celui de sa mère. Elle s'appela désormais Marie-Julie.

X

LA NOVICE

Ame d'élite, appelée à une haute perfection, Marie-Julie ne cessa pas un instant de mettre plus que jamais en pratique la maxime qui avait, dès le début, inspiré toutes ses démarches : *Ma vie, c'est le dévouement.*

Avec quel bonheur la retrouva-t-elle écrite à toutes les pages de son livre des Règles ! C'est par là surtout que lui plaisaient les constitutions de saint Ignace, ponctuellement suivies à Saint-André. Rechercher, non seulement son propre salut et sa perfection, mais le salut et la perfection du prochain ; se dépouiller entièrement de soi-même pour se revêtir de Jésus-Christ ; avoir en horreur tout ce qu'aime le monde pour aimer ce qu'il a en horreur ; porter avec joie les livrées de la pauvreté et de l'humiliation pour reproduire plus fidèlement en soi le divin Modèle ; pousser l'obéissance au point de n'avoir d'autre volonté que celle de Dieu, reconnue au moindre signe de quiconque commande en son nom : voilà ce que Marie-Julie trouvait admirable. L'esprit militant du fondateur de la Compagnie de Jésus allait bien à cette âme forte et virile, prompte au sacrifice et que ne décourageait aucun effort. La jeune religieuse, maîtresse d'elle-même, était à l'abri des illusions qui égarent, des impressions qui troublent, grâce à la rectitude de son esprit et à la solidité de son jugement. Aussi ne tarda-t-elle pas à faire de rapides progrès dans cet âpre chemin de la vertu, « où l'on grimpe, dit Bossuet, plutôt qu'on ne marche ».

Son exemplaire ponctualité n'enlevait rien à sa franchise d'allure, à sa charmante simplicité, à sa gaieté communicative, à l'aménité de son caractère, à sa charité compatissante et dévouée. Sa vertu était aussi aimable qu'elle était énergique. « Jamais, dit une de ses compagnes de noviciat, jamais nous ne l'avons vue se démentir ; aussi considérions-nous déjà notre sœur comme un modèle. »

Ce fut ainsi préparée qu'elle se livra tout entière à la salutaire influence des Exercices spirituels. Durant tout un mois, elle parcourut, étape par étape, cette longue carrière, et gravit, degré par degré, cette mystérieuse échelle de la perfection, dressée par saint Ignace à l'usage des âmes vaillantes qui veulent s'élever de la terre au ciel.

Mise en face d'elle-même, elle trouve dans sa vie passée, pourtant si fervente et si pure, un sujet d'humble confusion. « Je vous aime tant, mon cher Jésus, que je ne pourrais croire vous avoir offensé, si je ne voyais en ce moment toutes mes fautes devant moi! » Désormais, elle entend se prémunir contre l'imperfection la plus légère et « mettre, dit-elle, un tel ordre dans sa vie, qu'il n'y ait plus une pensée, une parole, une action, qui ne soit pour Jésus ».

La contemplation fameuse du règne de Jésus-Christ la ravit d'enthousiasme : « Oui, Seigneur, je veux vous suivre, me signaler à votre service, sans vous rien refuser jamais de ce que vous pourrez désirer de moi, quelque pénible que ce puisse être à la nature. Mais, Seigneur, tenez-moi bien; car, du moment où vous ne me tiendriez plus, je vous serais infidèle. »

En méditant la vie cachée du Sauveur, Marie-Julie a découvert en elle un défaut principal qu'elle veut énergiquement combattre : c'est une trop grande activité, un empressement trop na-

turel, semblable à celui de Marthe qui se trouble
et s'agite au service de Jésus. « En opposition à
cet empressement, écrit-elle dans ses notes intimes, je veux m'appliquer au recueillement. Il
répond aux attraits de mon âme : la volonté de
Dieu accomplie par amour, la pureté du cœur, la
vue de Dieu présent en moi. Je veux que tout en
moi soit à Jésus; qu'il n'y ait pas une pensée, une
parole, un mouvement, un acte, qui ne soit surna-
turalisé, sanctifié par l'unique motif de lui plaire.
Le recueillement me rendra vigilante à demeurer
maîtresse de moi-même, ou plutôt à laisser Jésus
maître de tout en moi. »

XI

MORT D'UNE SŒUR

Ce n'étaient pas là de ces résolutions fort belles, mais éphémères, fleurs du printemps qu'un souffle emporte et qui ne produisent aucun fruit. Marie-Julie sortit de sa retraite, prête à tous les sacrifices; Dieu ne tarda pas à mettre son courage à l'épreuve.

Sa sœur Louise avait épousé, le 22 novembre 1879, M. Léon du Bus, héritier d'une des familles les plus anciennes et les plus considérées de Tournai. Hélas! onze mois plus tard, l'heureuse épouse était enlevée prématurément à l'affection des siens.

Et voilà le néant des espérances humaines. On croit toucher au bonheur : il s'évanouit.

Toute la famille avait pourtant bien prié. Pour obtenir la guérison de son enfant, M. Stiénon du Pré avait fait élever, au fond du jardin de Saint-André, une grotte de Lourdes reproduisant aussi bien que possible celle des roches Massabielles. Le monument n'était pas achevé que la jeune femme succombait à son mal. Une pierre commémorative y fut placée; cinq ans plus tard une autre l'accompagnait, et les noms des deux sœurs étaient réunis dans un même souvenir suprême, au pied de l'image de cette « virginale Mère » que l'une et l'autre avaient tant aimée.

En apprenant la nouvelle de ce grand deuil, Marie-Julie écrivait dans l'élan de son bon cœur : « Ah! chère mère, je voudrais prendre la peine pour moi seule! Comme je prie pour vous!... Cher papa, qui est plus père que le bon Dieu? Qui mieux que lui, par conséquent, peut comprendre l'angoisse d'un cœur paternel? Confiez-lui la vôtre; faites valoir auprès de lui le sacrifice que vous avez si généreusement fait de votre Marie. »

Comme elle s'entend bien à adoucir l'amertume du sacrifice! « Je ne saurais attendre à ce soir pour vous le dire : je suis auprès de vous. Mon cœur est à l'unisson du vôtre pour prononcer le *fiat* que Dieu exige, après ce coup terrible que tant de prières, hélas! n'ont pu conjurer. Vos deux filles sont au bon Dieu, chers parents, l'une dans le ciel, l'autre sur la terre. Croyez-le bien, ni l'une ni l'autre ne vous ont quittés. Vous ne jouirez plus, il est vrai, de la présence sensible de cette chère Louise; elle sera néanmoins bien proche de vous; elle vous le fera sentir aux grâces toutes spéciales qu'elle vous obtiendra. Quant à Marie, elle vous reste pour adoucir vos peines en les partageant. Resserrons encore, s'il est possible, ces chers liens de famille dont la maille vient d'être si tristement brisée. Je n'ai pas été étonnée de vous savoir si résignés : le propre des âmes courageuses est de se dresser en face de la douleur, car la douleur est un combat, et pour combattre, il faut être debout.

« Aurions-nous donc prié en vain? Non; cette mort si calme et si douce est une grâce; c'est un don excellent que cette soumission aux décrets éternels de Dieu. Détournant nos regards de notre propre affliction pour les arrêter sur celle que nous avons perdue, nous avons, j'ose le dire, des actions de grâces à rendre. Louise a quitté cette vie, dont elle n'a goûté que les joies, pour entrer dans un monde où l'on ne connaît pas la peine. Les souffrances si bien supportées, tant de prières offertes pour elle, l'ont déjà introduite au ciel; ayons-en l'espoir.

« Je vous attends à bras ouverts, cher père et

chère mère, ainsi que toute la famille. En nous revoyant, nous raffermirons nos cœurs meurtris et bénirons ensemble la main qui nous a frappés : c'est toujours la main d'un père. »

Marie-Julie fut vraiment pour les siens l'ange consolateur. Elle sut inspirer à tous la pieuse résignation de son âme. Aussi pouvait-elle écrire à une amie : « Le coup a été terrible ; il nous semblait impossible que Louise nous fût enlevée. Mais le grand, le souverain Maître l'a voulu ! Nous nous sommes inclinés, sans qu'un seul murmure se soit échappé de tant de cœurs brisés. Oh ! que la foi donne de force en de pareils moments, et quels actes précieux elle nous permet d'offrir à Notre-Seigneur ! »

XII

PROFESSION RELIGIEUSE

Un mois avant ce douloureux événement, le 8 septembre 1880, Marie-Julie avait eu le bonheur de se consacrer irrévocablement à Dieu en prononçant les vœux de la profession religieuse. Son visage était radieux quand elle se présenta à l'autel. « C'en est donc fait, écrivait-elle immédiatement après cet acte solennel, à la suite de la formule de ses vœux; c'en est fait, mon cher Jésus : je suis à vous et vous êtes à moi! Rien de plus intimement lié désormais que nos deux cœurs, qui n'en font plus qu'un. Que vous rendre, Époux divin, pour tant de grâces, d'honneurs, de bienfaits? Vivre pour vous, vivre avec vous! »

Dès lors, on se plut à l'appeler *la vierge heureuse*. Pendant la récréation ou durant les heures de silence, bien portante ou malade, elle avait au front comme un rayonnement de cette joie qui remplissait son âme et qui, disait-elle elle-même, « transpirait par tous ses pores ». Elle vivait dou-

cement dans la familiarité de son Dieu, *à la saint Jean,* suivant son expression naïve, prenant pour modèle, dans ses rapports avec Jésus, le disciple bien-aimé, son cher patron.

Écrivant à son ancienne maîtresse des novices, momentanément absente : « Hier soir, lui racontait-elle en confidence, j'ai repris mes chants suspendus pendant la retraite. Me promenant au jardin et songeant à la communion d'aujourd'hui, je me suis mise à chanter avec l'enthousiasme que je me permets quand je suis seule avec Jésus : *Veni, Domine Jesu!* J'étais au comble de la joie. »

Et une autre fois : « Je suis plus que jamais à Jésus, à qui je me suis donnée tout entière. J'ai passé , ce matin, sur son Cœur de délicieux moments. Nous avons fait ensemble nos conventions, et lui aussi a renouvelé ses promesses.

« Ma journée est très occupée ; mais quel bonheur, le soir, de me retrouver près de Jésus! J'ai tant à lui dire! Et puis, j'ai besoin de me reposer près de lui, et alors il ne me faut pas moins que son Cœur....

« J'ai une jolie image de *Mater admirabilis;* elle est là, dans mon pupitre, avec Jésus et saint Jean : c'est bien tout ce que j'aime.

« Avant de quitter ma première cellule, j'ai remercié Dieu des grâces qu'il m'y a faites. Certes, j'y laisse de chers souvenirs! J'y ai passé de bons moments avec Jésus, qui m'y a fait souvent sentir sa présence. Ma nouvelle demeure a un grand attrait pour moi; je suis plus rapprochée de la chapelle, que je vois de ma fenêtre. Cela me fait songer à la sainte Vierge qui, suivant la tradition, voyait le Saint des saints de sa petite cellule du temple. Je fais chaque soir mes dévotions tournée vers le sanctuaire. Hier, le croiriez-vous? j'ai eu la prétention de dire à Jésus qu'il devait se trouver moins seul depuis que je suis là.... Ce cher Maître comprend tout, même une petite larme silencieuse qu'on laisse tomber sur son Cœur.

« Aujourd'hui, c'est la fête de saint Jean; il a, vous le savez, toutes mes sympathies. Ah! lui aussi aimait bien les bonnes places! Et en cela je l'imite parfaitement; aussi celle qu'il a choisie à la Cène est devenue la mienne, et je m'y repose continuellement. J'aime tant à dire à Jésus que je suis *son second petit saint Jean!* »

Si Dieu, pour l'éprouver, la privait pour un temps de ces douceurs, l'humble et courageuse enfant se résignait sans trouble, se contentant de se retourner vers Marie et de lui dire : « Faites comme il vous plaira, Vierge sainte : vous savez mieux que moi ce qui convient et vous aimez bien mieux. »

Elle écrivait encore, dans une circonstance semblable : « Le cher Jésus s'absente encore souvent, et parfois pour un temps assez long. Mais je supporte ces absences le cœur joyeux ; je continue ma petite vie tout tranquillement, sans Lui comme avec Lui, *chantant de jolies choses* pour l'engager à revenir plus vite. »

« Nul découragement, disait-elle enfin ; peut-être ne me suis-je jamais sentie plus portée à la ferveur. Si mon Jésus ne semble plus être pour moi ce qu'il était auparavant, je ne suis pourtant pas moins heureuse de me rendre auprès de Lui, mes exercices de piété ne me sont pas moins chers. Du reste, il aura beau faire, il ne m'empêchera pas de l'aimer. Seulement, dans mes rapports avec Lui, il y a quelque chose d'un peu craintif, comme en présence d'une personne fort aimée, mais à l'affection de laquelle je n'ai pas droit de prétendre. J'ai souffert, parce que, par suite de son attitude à mon égard, je n'ose plus l'aimer avec la même naïve tendresse. Jésus absent, je me sens si seule ! »

Mais le Bien-Aimé ne se dérobait un instant que pour se faire chercher avec plus d'ardeur. Bientôt il se révélait de nouveau, faisant comprendre à sa servante qu'il était là quand elle le croyait loin. Quelle joie alors de s'écrier avec l'Épouse du Cantique : *Inveni quem diligit anima mea !*

XIII

LA MAITRESSE

A la vie contemplative la jeune religieuse de
Saint-André devait, de par sa règle, unir la vie
active. Sans rien perdre de son union avec Dieu,
il lui fallait désormais se vouer au service du
prochain.

Ce cher prochain fut pour elle les nombreuses
enfants qui venaient chercher au pensionnat le
complément de l'éducation chrétienne commencée
dans la famille. En devenant leur maîtresse, Marie-
Julie entendait bien être leur mère.

Elle débuta, dans cette mission difficile et délicate, par les plus humbles fonctions ; mais bientôt,
malgré sa jeunesse, elle eut à remplir l'emploi de
directrice du pensionnat. Elle fut loin de tromper,
on va le voir, la confiance qu'on avait en elle.

Marie-Julie, pour mieux conduire les autres, se
laissa conduire elle-même par l'obéissance, en
esprit de foi et d'humilité. Toujours disposée à
recevoir et à demander conseil, elle s'ouvrait à ses

supérieures avec candeur et simplicité, leur disant les fautes qu'elle croyait avoir commises, les grâces que Dieu lui avait faites, les bons désirs formés dans son cœur. De là, cet esprit de décision, cette fermeté d'attitude qui aurait pu étonner en une religieuse si jeune encore et qui imposait le respect.

Il y avait en elle un parfait équilibre entre des qualités qui semblent s'exclure : la fermeté et la douceur. Nulle n'avait plus d'autorité ; nulle ne savait mieux se faire obéir. Elle ne reculait pas devant la pénible nécessité de la correction ; elle avait le secret d'avertir à propos, de réprimander sérieusement mais sans mauvaise humeur, et de faire accepter volontiers le reproche ou la peine. On devinait aisément l'empire qu'elle avait alors sur elle-même, en même temps que la violence qu'elle faisait à son cœur.

A son école, les plus jeunes enfants s'accoutumaient à agir par devoir. De longues exhortations n'étaient pas nécessaires ; un mot, un regard suffisait. « La vie est courte, disait-elle, et le devoir seul la remplit. » Ou bien encore : « *Je veux !* cette parole qui fait les conquérants fait aussi l'enfant du devoir. »

L'austérité de ces conseils si fermes était tempérée par une bonté toute maternelle qui lui conquit aussitôt l'affection de ses enfants. Mais, de cette affection, Marie-Julie ne prenait pas la moindre part pour elle-même, la rapportant toute à Dieu que seul elle entendait faire aimer. Ses élèves le comprenaient et concevaient pour leur maîtresse une sorte de vénération.

Que de fois ne les a-t-on pas entendues s'écrier : « Qu'elle est bonne et sainte, Madame Marie-Julie ! »

Elle sut leur inspirer, pour la chère maison de Saint-André, l'attachement qu'elle avait toujours eu elle-même, profitant à cette fin des solennités religieuses et de ces fêtes charmantes qui viennent interrompre heureusement la vie un peu monotone du pensionnat. Elle donnait le signal des chants pieux ou joyeux, elle chantait elle-même avec tant d'âme que les enfants disaient : « Peut-être y a-t-il des voix encore plus belles que celle de Madame Marie-Julie, mais il n'en est pas que nous aimions mieux entendre. Nous prions si bien quand elle chante ! nos cœurs alors s'élèvent naturellement vers le bon Dieu. »

En récréation, le jeu terminé, on se groupait

avec empressement autour de la bonne maîtresse
pour se livrer avec elle à des causeries familières,
pleines de gaieté et d'entrain. Elle avait un talent
particulier pour tirer des moindres choses un enseignement utile, mais avec tant de spontanéité
et de naturel, qu'on prenait à ces entretiens un
plaisir extrême. « Il nous semble, écrit une de ses
anciennes élèves, entendre encore Madame Marie-
Julie nous parler du bonheur du ciel et nous y
montrer le cortège des vierges. Elle ne songeait
pas alors, sans doute, notre chère maîtresse, qu'un
an plus tard ce bonheur serait le sien et qu'à son
tour elle suivrait l'Agneau partout où il va ! »

« Plus d'une fois, raconte une autre jeune fille,
nous aurions voulu abréger le temps destiné au
jeu, pour en consacrer davantage à la conversation ; mais nos tentatives étaient vaines ; nous ne
parvenions pas à surprendre celle qui avait toujours à la bouche cette maxime : Dieu et le devoir.»

La sérénité de son visage suffisait à dissiper les
petites tristesses. Voyait-elle un front s'assom-
brir : « Le bon Dieu n'aime pas les cœurs tristes, »
disait-elle en passant avec un sourire, et souvent
il n'en fallait pas plus pour ramener la joie.

Elle apprenait ainsi à ces jeunes filles, si mo-

biles d'humeur, si sensibles aux moindres impressions, à se conduire en tout par la raison. « Allons
donc, disait-elle souvent, soyez raisonnable. » Elle
s'attachait à leur faire bien comprendre que,
même dans la piété, le sentiment n'est pas ce qui
importe, mais le dévouement, la générosité du
cœur. « Quand Jésus demande un sacrifice, il faut
le faire sans hésitation, sans restriction, même
avec joie, s'il est possible, et lorsqu'il est accom-
pli, n'y plus revenir. »

« Qu'est-ce que j'apprends ? écrivait-elle. Vos
résolutions sont à l'eau ? Peut-être valait-il mieux
ne pas en prendre autant que de les abandonner
si vite. Quoi qu'il en soit, faut-il rester à terre
après une chute ? Allons, chère enfant, relevons-
nous, et courage ! Si vous n'avez pas été fidèle,
c'est sans doute que vous n'avez pas demandé à
Notre-Seigneur de vous assister de sa grâce...

« Croyez-moi, pensez beaucoup plus à Jésus
qu'à vous-même. C'est un conseil que je vous
donne souvent, il est vrai ; mais il est nécessaire.
Allez plus rondement, vous n'en irez que mieux. »

Ce qui donnait surtout une grande efficacité à
ses conseils, c'est la parfaite franchise de toutes
ses paroles. « Oui, je vous parle franchement,

écrivait-elle encore ; et si mon devoir m'appelle à vous faire quelque bien, ce sera toujours par la voie de la franchise et de la vérité que je vous aborderai ; au reste, je n'en connais pas d'autre. »

XIV

LES PREMIÈRES COMMUNIANTES

Durant quelques années, Marie-Julie fut chargée du cours d'instruction religieuse. Elle y mit un dévouement et un zèle d'apôtre. Parler de Dieu lui était doux, et elle parlait de lui si bien ! Les notes retrouvées dans ses papiers sont la preuve du soin extrême qu'elle apportait à chacune de ses leçons ; tout y est clair, net, précis ; malgré la gravité du sujet, elle avait le don de rendre chaque explication si intéressante qu'on l'écoutait toujours avec bonheur et profit.

Mais rien, dans ses devoirs de maîtresse, ne lui plaisait davantage que de préparer ses chères enfants à la première communion. L'amour qu'elle avait toujours eu pour le divin Sacrement de l'autel, la conviction profonde de l'importance souveraine de cette grande action, la tendresse vraiment maternelle qu'elle ressentait pour ces petites âmes, encore si candides et si pures, tout lui faisait considérer ce ministère comme le plus grand qu'elle eût à remplir.

Encore novice, elle écrivait à une amie, au sujet de cette solennité de la première communion qui avait pour elle tant de charmes : « Plus que jamais j'en ai été impressionnée aujourd'hui. J'ai mieux compris le bonheur de nos chères enfants. Que n'as-tu pu voir comme elles étaient bien préparées et avec quelle ferveur elles ont reçu le bon Dieu ! Pour nous, témoins de cette fête, nous en gardons un touchant souvenir. Quels délicieux sentiments se ravivaient dans nos cœurs ! Dans mon émotion, je me demandais ce matin ce que doivent éprouver les mères qui voient leurs enfants approcher pour la première fois de la sainte table. Que l'amour maternel doit être alors heureux et fier !

« J'ai bien demandé que mes nièces, dans quelques années, soient l'objet d'une faveur semblable dans notre chapelle ; je réponds d'elles pour leur vie, si elles font leur première communion à Saint-André. Tu ne te trompes pas en pensant que j'ai bien prié pour nos petites communiantes ; je l'ai fait de tout cœur, secondant ainsi à ma manière celle qui leur a donné tous ses soins. Un si beau jour ne devrait jamais finir ! En le voyant à son

déclin, je me rappelais cette parole : « Le ciel,
« c'est une première communion qui ne finit pas. »

« Le jour de la première communion, disait-
elle encore, comme le jour de la prise d'habit et
de la profession religieuse, ne peut, à mon avis,
être surpassé en bonheur que par l'entrée au ciel.
Que sera-ce quand le voile tombera et que nous
verrons Jésus ! Alors il ne faudra plus se contenir...
Quel élan ! Quels transports ! »

On comprend dès lors ce qu'elle apporta de
sollicitude à sa douce et grave mission. « Nous
voici, écrit-elle après de courtes vacances, prêtes
à reprendre notre vie apostolique. Nos enfants
nous sont revenues, et d'ici à trois mois tous nos
moments leur appartiennent. Le grand jour appro-
che ! Que Jésus daigne préparer lui-même ces
jeunes âmes qu'il va bientôt visiter ! »

Non contente de leur donner une connaissance
exacte des vérités de la religion, elle s'efforçait
de parler à leur cœur et de le tourner tout entier
vers Celui qu'elles allaient recevoir. Elle se plaisait à leur faire chanter de pieux cantiques où les
enfants mettaient, à son exemple, toute l'ardeur
de leurs désirs.

Marie-Julie semblait vouloir associer à la joie

des petites communiantes toutes les personnes qui les entouraient. « Avec quelle émotion, raconte une ancienne élève, la veille de la première communion, nous les entendions monter au dortoir en chantant, de leur jeune et douce voix : *Veni, Domine Jesu !* »

« Chargée de surveiller à certains moments les petites communiantes, dit une autre jeune fille, j'arrivai, — c'était la veille du grand jour, — un peu avant l'heure fixée, et sans que Madame Marie-Julie s'en aperçût, j'entendis la fin de son instruction. Avec quels accents elle leur parlait du bonheur qui les attendait le lendemain ! Émue jusqu'au plus profond de mon cœur par ces paroles que dictait le plus ardent amour pour Jésus-Christ, je laissais couler mes larmes... J'ai conservé de ce moment un ineffaçable souvenir. »

L'Agneau, symbole des chrétiens. Fresque des Catacombes.

XV

LES ANCIENNES ÉLÈVES

Le zèle de la bonne maîtresse était bien loin de s'attiédir quand les vacances dispersaient ses enfants loin d'elle. Elle les accompagnait de ses prières, elle les poursuivait affectueusement de ses bons conseils. On s'empressait de lui écrire ; elle répondait sans retard.

De loin, comme de près, ce qu'elle prêche, c'est le courage et la confiance. « Vous constatez des fautes qui vous étonnent, eu égard à votre bonne volonté à remplir tous vos devoirs ; mais, mon enfant, rappelez-vous donc ce que je vous ai dit tant de fois : Croyez-vous devenir sainte en un jour ? Cet espoir serait une illusion qui vous entraînerait inévitablement au découragement. Quand vous avez failli, avouez votre faute à Notre-Seigneur ; humiliez-vous devant Lui, relevez-vous avec une énergie nouvelle. Tout sera bientôt pardonné, et souvent vous aurez ainsi retiré plus de profit d'une chute que si vous n'aviez pas été faible. Recommencez toujours avec un nouveau courage et souvenez-vous que bien des vies saintes et héroïques n'ont été qu'une suite de généreux commencements. »

« Exercez-vous avec constance au dévouement, écrivait-elle à une autre de ses élèves, et placez tout votre bonheur dans vos actes d'abnégation. Il est si doux, vous l'avez éprouvé déjà, de rendre heureux ceux qui vous entourent !

« La vanité est un travers indigne d'une âme élevée et raisonnable ; vous en avez triomphé, j'espère. Je vous recommande cependant d'avoir l'œil ouvert et de saisir généreusement les occasions de vous vaincre, travaillant à acquérir cette simplicité que vous estimez et dont vous voudriez tant vous voir ornée. Je vous recommande aussi l'expansion avec votre bonne et vertueuse mère ; jamais vous n'aurez de meilleure amie. Mettez bien à profit les moments que vous pouvez passer à ses côtés et recueillez précieusement ses bons conseils.

« Adieu ; restez sage, pieuse ; amusez-vous bien, enfin faites toute chose de votre mieux, et Jésus sera content. Je vous embrasse de tout cœur, priant Notre-Seigneur et Marie Immaculée de vous bénir. »

Mais c'était surtout au moment où ses chères enfants se disposaient à entrer définitivement dans le monde, que Marie-Julie redoublait de sollicitude à leur égard. « Vous allez bien faire votre retraite, écrivait-elle à l'une d'elles, de Charleroi, où elle se trouvait momentanément, en juin 1885. Mettez-vous bien dans le réel de la vie; envisagez les devoirs que vous aurez à remplir bientôt et prévoyez sagement les difficultés que vous pourrez rencontrer. »

C'est ainsi qu'elle continuait sa mission de zèle, entretenant avec les jeunes filles revenues au foyer domestique d'utiles et d'affectueux rapports. Rien de ce qui les touchait ne lui restait étranger. « Je vous promets volontiers, chère enfant, de prier pour la guérison de votre père; vous devez vous trouver bien heureuse de lui donner vos soins. Faites-le avec toute la délicatesse, tout le dévouement dont vous êtes capable. »

Et à une autre : « J'avais appris avec joie la naissance de votre petite nièce; mais cette joie est doublée depuis que je sais combien vous rend tous heureux cet événement tant désiré. C'est vraiment une bénédiction pour votre famille. Avec quel intérêt vous allez suivre de jour en jour les progrès

dans la vie de cette petite créature! Déjà je vous
vois vous efforcer de porter cette jeune intelligence
vers Dieu, lui montrer de saintes images, lui faire
joindre ses petites mains ; un peu plus tard, veiller
à ce qu'un des premiers mots prononcés par elle
soit le nom de Jésus. C'est là sans doute une sollicitude qui appartient à la mère ; la marraine toutefois peut bien en prendre sa part, en raison de la
charge qu'elle a acceptée. »

A une de ses enfants que la maladie éprouve,
elle adresse cette lettre affectueuse. « Ne pouvant
me rendre près de vous, comme je le faisais quand
vous habitiez l'infirmerie, je viens en esprit et de
tout cœur vous faire une petite visite. Je pense
beaucoup à vous, chère enfant, et je demande ins-
tamment votre guérison au bon Dieu, qui a voulu
sanctifier par la croix votre retour définitif dans
la famille. Vous êtes raisonnable, j'en suis sûre,
et vous savez accepter généreusement l'épreuve,
vous soumettre à la volonté divine qui dirige tout
pour notre plus grand bien. Ne vous préoccupez
pas avec inquiétude au sujet de vos exercices de
piété ; ils ne doivent pas être les mêmes au temps
de la maladie que lorsqu'on est en bonne santé.
Tout ce que vous pouvez à cette heure, c'est de

vous unir à Notre-Seigneur par de pieuses oraisons jaculatoires jointes à la patience et à la résignation.

« ...J'ai été bien consolée d'apprendre que vous supportez patiemment la maladie ; vous vous faites ainsi un trésor de mérites que vous retrouverez plus tard. Animez-vous par cette pensée, et rappelez-vous souvent une parole qui m'a soutenue bien des fois quand le bon Maître m'a visitée avec sa croix : *Souffrir passe, avoir bien souffert ne passe pas.* »

Deux jeunes filles lui avaient mandé, comme autrefois Marthe et Marie à Notre-Seigneur : « Voici que notre frère est malade. » Elle répond : « Je sais, pour y avoir passé, combien sont douloureux ces moments d'angoisses et d'inquiétude. Aussi je joins avec ardeur mes prières aux vôtres, pour obtenir la prompte et complète guérison de votre cher frère. Voilà le bonheur de la vie de famille bien troublé pour vous, n'est-ce pas ? Le bon Dieu a voulu vous apprendre qu'en cette vie l'épreuve se mêle souvent à la joie et que, plus d'une fois, elle arrive lorsque nous nous y attendons le moins. Pour être sages, ayons-y le cœur toujours préparé. »

Citons enfin cette lettre adressée à une pauvre enfant qui venait de perdre sa mère : « Je prends une part bien grande à la douloureuse épreuve que le bon Dieu vient de vous envoyer. Je compatis de tout mon cœur à votre peine, ma chère enfant, car vous êtes bien à plaindre! Perdre sa mère, et une mère si bonne que la vôtre, c'est assurément un immense malheur. Je voudrais apporter quelque consolation à votre profonde douleur; mais, à pareils moments, nous pouvons tous si peu de chose! Je ferai plus pour vous en vous conduisant près du bon Dieu, à qui je vous conseille de vous confier entièrement. Je prierai Jésus de vous faire sentir tout ce qu'il a de compassion et de tendresse pour les cœurs que la souffrance éprouve. Jésus vous montrera sa sainte Mère qui sera désormais doublement la vôtre, et près de lui, près d'elle, vous retrouverez votre chère maman qui veillera sur vous et vous aimera plus que jamais. »

XVI

MALADIE

Deux fois déjà depuis son entrée en religion, la maladie avait frappé la jeune maîtresse et failli l'enlever à l'affection universelle dont elle était l'objet. Elle avait alors fait preuve d'une parfaite patience, d'un abandon absolu à la volonté divine. Rien n'égalait sa touchante reconnaissance pour les soins qu'on lui donnait. Sa vertu d'ailleurs se fortifiait dans l'infirmité. « Quand je revois Madame Marie-Julie après une maladie, disait une enfant, elle me semble toujours plus sainte. »

Dieu cependant parut céder aux pressantes supplications qui s'élevaient vers lui. Marie-Julie reprit des forces et à deux reprises le danger fut conjuré. Mais au printemps de l'année 1885, les premiers symptômes du mal qui devait l'enlever se déclarèrent, et dès lors on jugea prudent de multiplier autour d'elle les précautions et les soins.

Le premier sacrifice qui lui fut imposé fut de ne plus consacrer sa belle voix aux louanges de Jésus et de Marie. Toutefois, le 4 juin, jour de la première communion, on crut pouvoir se rendre à son désir de chanter à la bénédiction du Saint Sacrement et de s'associer ainsi à la joie de ses enfants. Ce fut la dernière fois qu'elle remplit de ses pieux accents la chapelle de Saint-André, et plus d'un cœur, dans l'assistance, en eut le pressentiment douloureux.

Bientôt une violente hémorragie vint jeter la consternation autour d'elle. Elle fut seule à ne se pas troubler. « Vous me demandez, écrit-elle, quelle a été mon attitude en face de cette épreuve et vous désirez savoir si le moral n'est pas abattu. Eh bien ! il me semble que je n'ai pas mécontenté Notre-Seigneur. J'ai accepté cette croix, non seulement avec résignation, mais avec une certaine joie au fond de l'âme : j'aime trop mon cher Jésus pour vouloir autre chose que ce qu'il veut.

« Si j'ai demandé ma guérison, c'est en protestant que je ne le faisais que pour obéir. Non que je ne souhaite pas la santé ; je voudrais tant pouvoir travailler pour notre cher Institut ! Mais, par-dessus tout, j'aime à répéter à Jésus : « Je ne veux que ce « que vous voulez. » Il m'a entendue quand je lui ai dit, au lendemain de la première communion, que mon âme avait plus besoin de repos que mon corps, et il a voulu satisfaire mon désir en me mettant *en retraite*. Je n'ai guère souffert et j'ai pu, bien à mon aise, m'acquitter de mes exercices de piété. Que de bons colloques avec Jésus!...

« La Révérende Mère a eu la bonté de faire célébrer pour moi la messe vendredi dernier; c'était précisément le jour où j'étais privée d'assister au saint sacrifice et de faire la sainte communion.

« Je dois, paraît-il, me ménager plus encore que je n'ai fait jusqu'ici. Le médecin m'en a avertie sérieusement, et mes Mères lui font tellement écho, que je dois bien y croire. Me ménager! moi qui ai un si grand besoin de me dépenser! et à mon âge! Jésus ne veut donc pas que je serve d'instrument à sa gloire? Sur cela j'ai plus de peine à me soumettre; j'accepte cependant....

« Je tiens à vous redire que je ne suis pas inquiète; non, je ne le suis pas, car je ne veux absolument que ce que veut Jésus. J'ai été néanmoins au-devant de ses volontés; il me semble qu'en cela un certain empressement est permis. J'accepte *tout*, pour le présent et *pour l'avenir*. »

A part une toux légère, mais obstinée, Marie-Julie paraissait assez bien remise Dans la pensée qu'un changement d'air lui serait salutaire, on

l'envoya passer quelques semaines à Charleroi.
Les premières nouvelles furent consolantes; la
malade semblait revivre et reprendre sa bonne
mine.... Hélas! au bout de quelques jours, la jeune
religieuse comprit qu'elle était irrémédiablement
atteinte de cette maladie de poitrine qu'elle avait
toujours appréhendée comme d'instinct, maladie
si opposée à son caractère ardent et à sa courageuse activité. C'était une plus abondante source
de grâces que Dieu lui préparait.

A peine de retour à Tournai, Marie-Julie fut
éprouvée par deux hémorragies successives.

Elle écrivait à la date du 23 août : « Je vous dois
la vérité : il y a quelques jours, j'ai eu un moment
de détresse et d'angoisse très pénible; mais cela
n'a pas duré. Je me suis rejetée dans l'abandon
à Jésus! »

Et parlant de la sollicitude de toutes celles qui
l'entourent : « Que Dieu est bon, dit-elle, d'avoir
créé de si bons cœurs et d'y avoir déposé tant de
bienveillance pour un *petit* comme moi!.... On a
mis sur ma table, pour la neuvaine qui commence,
une belle statue de Marie Immaculée; de chaque
côté, deux lis, et à ses pieds une jolie corbeille
toute blanche. »

Marie appelait son enfant. Le jour où elle ache-
vait une neuvaine, la fièvre reprit avec plus
d'intensité. Les progrès du mal furent rapides, et
Marie-Julie les constatait, sans perdre encore tout
espoir de guérison. En tout cas, elle voulut faire à
Notre-Seigneur le sacrifice de tout ce qui lui était
légitimement cher. « A l'heure de ma mort, disait-
elle, je lui rappellerai d'un mot ce que je lui ait dit
en détail ce matin. — S'il faut mourir, ajoutait-
elle en parlant à sa supérieure, je saurai mourir. »

Un jour qu'une de ses sœurs lui rendait visite à
l'infirmerie : « Vous rappelez-vous mon bonheur,
lui dit-elle, lorsque l'été dernier, nous surveillions
ensemble la récréation des élèves dans les grandes
allées du jardin? Tout me souriait alors, mes enfants marchaient si bien! et j'avais par-dessus tout
la consolation de faire la volonté de Dieu. Maintenant, je ne suis plus de service ; mais la consolation
par excellence me reste : je fais encore la volonté
de Dieu et je suis heureuse. »

Malgré le vif désir que Marie-Julie avait témoi-
gné de recouvrer la santé pour travailler à la plus
grande gloire de Dieu, jamais on ne l'entendit pro-
férer une plainte ou un regret. Ce n'est pas qu'elle
n'éprouvât parfois quelque peine ; mais, pour se

consoler, il lui suffisait de jeter un regard vers une image représentant le disciple bien-aimé sur le Cœur de Jésus. « Depuis que je suis malade, disait-elle, Jésus semble me regarder d'un air triste ; on dirait qu'Il n'est pas content que je ne veuille pas aller à Lui, moi qui ai chanté si souvent le beau cantique :

> « Ah ! que n'ai-je des ailes
> Pour m'envoler aux cieux ! »

Il serait difficile de trouver, dans les communautés les plus ferventes, une plus édifiante malade. Presque à chaque instant, elle manifestait son amour de la pauvreté, son esprit de dépendance. Tantôt elle refusait ce qui aurait pu lui rendre les remèdes moins pénibles ; tantôt elle s'informait des moindres règles de l'infirmerie, pour s'y mieux conformer.

Le soir même de la fête de l'Immaculée-Conception, si chère à son cœur, une crise eut lieu, si violente et si prolongée que, dès le lendemain matin, Marie-Julie reçut les derniers sacrements. Elle commençait à mourir sous les auspices de sa Mère du ciel.

Ce fut l'heure d'un dernier combat, d'une lutte douloureuse, qui bientôt fit place à une paix pro-

fonde. La joie revint, et la vierge sage n'eut plus
d'autre préoccupation que d'aller dignement au-
devant de l'Époux. « Jésus, je vous aime, disait-elle ;
je vous aime, et beaucoup, beaucoup !... Jésus,
je souffre, mais je suis contente... Tout ce que
vous voulez, tout, tout !... Mère immaculée, aidez-
moi !... »

Mgr du Rousseaux, qui est pour la communauté
de Saint-André un vrai père, vint visiter la malade
et s'entretint quelques instants avec elle. En la
quittant, le vénérable évêque disait, tout ému :
« Elle est toujours avec le bon Dieu .» Pour rendre
cette union plus étroite encore, il permit à la malade de communier tous les jours.

Cette faveur combla de joie Marie-Julie. « Maintenant, dit-elle dans le sentiment du vieillard Si-
méon chantant son *Nunc dimittis*, maintenant je
n'ai plus peur de mourir : je suis sûre de communier le jour de ma mort. »

Elle était également tout heureuse d'habiter
une cellule contiguë à l'oratoire de l'infirmerie, où
l'on garde le Saint Sacrement. Aussi chaque journée se passait-elle en pieux colloques avec Dieu.

Marie-Julie ayant mandé son prochain départ à
une amie, celle-ci lui écrivait : « Tu te rappelles

combien, il y a sept ans, j'enviais ton bonheur
d'entrer au couvent; maintenant, j'envie bien plus
encore celui que tu as de partir pour le ciel. Mon
cœur, sans doute, est déchiré à l'idée de la séparation; cependant, non, je ne voudrais pas te re-
tenir : tu seras si bien auprès de Jésus que tu as
tant aimé sur la terre!... Prie bien pour moi, afin
que je me sanctifie; je te recommande aussi mon
cher papa et toute ma famille. Au ciel tu vas voir
maman; sans te connaître, elle t'aimait, car je lui
parlais souvent de toi. Dis-lui que je ne l'oublie
pas, que je la pleure toujours... Laisse-moi te
remercier du bien que tu m'as fait, des beaux
exemples que tu m'as donnés et de ta constante
affection. J'ai à peine le courage de te dire adieu
jusqu'au ciel! »

La dernière entrevue de Marie-Julie avec sa famille fut moins douloureuse qu'édifiante. Quel
spectacle que celui de ces cœurs si unis, dont chacun refoulait sa peine pour ne pas accroître celle
des autres! Tous luttaient à l'envi de générosité
pour accepter sans murmure la volonté de Dieu.

XVII

SAINTE MORT

Le lundi 28 décembre, fête des saints Innocents, la mourante avait communié avec une ferveur qui toucha les témoins. Ce jour-là même avaient lieu les funérailles d'une religieuse de Saint-André[1].

Avant de se rendre à l'église, la supérieure gé-

1. Appartenant elle aussi à une famille tournaisienne, et venue fort jeune au pensionnat où elle fit sa première communion, Mme Philomène s'y fit remarquer par de grandes aptitudes pour l'étude et par son caractère bon, simple et droit. Sa foi vive lui donnait une horreur instinctive du monde et de ses futilités ; aussi les années qu'elle passa dans sa famille avant son entrée au couvent furent-elles presque exclusivement consacrées aux bonnes œuvres. Devenue religieuse, elle se distingua par un dévouement entier à son Institut, dévouement qui lui faisait remplir avec joie tous les emplois, se prêtant aussi volontiers à instruire les plus jeunes enfants de l'école gratuite que les élèves du cours supérieur, et toujours prête, vu sa facilité exceptionnelle de travail, à remplacer celles de ses Sœurs qui faisaient défaut en classe. D'une complaisance à toute épreuve, elle était à la disposition de chacune, pour quelque genre de travail intellectuel que ce fût, et semblait être l'obligée quand on s'adressait à elle, ce qui arrivait fréquemment. Elle témoigna d'un grand courage et de beaucoup de patience dans l'épreuve d'un état de santé toujours précaire, mais surtout dans les longs mois

nérale et la supérieure de la maison vinrent bénir Marie-Julie. Elle les accueillit avec cet aimable sourire qui lui était habituel et faisait dire à celles qui la soignaient : « Quelle agréable malade[1]! »

« Vers dix heures, raconte la maîtresse des novices, restée auprès d'elle pendant la cérémonie funèbre, Marie-Julie prit, avec sa régularité ordinaire, son petit déjeuner, puis resta paisible et parut sommeiller jusque vers dix heures trois quarts. Tout à coup elle me dit du ton le plus naturel : « Je n'aurais jamais pensé qu'il fallût tant « souffrir avant de mourir. » Elle gardait un tel empire sur elle-même au plus fort de ses douleurs, que je pouvais à peine remarquer quelque altération dans ses traits. La veille elle m'avait dit encore : « Comme on peut se dominer soi-même, « quand on le veut! »

« Vers onze heures, deux hémorragies survinrent coup sur coup. Nous comprîmes l'une et l'autre

de souffrances, suites d'une maladie de cœur, qui précédèrent sa mort. Âgée seulement de quarante-sept ans, elle eût pu rendre encore de grands services à sa Communauté.

1. Le médecin lui-même était charmé de ce qu'il appelait *sa raison*. Ce ne fut pas sans une vive émotion qu'il entendit la chère malade lui adresser un gracieux remerciement et un dernier adieu.

que le grand moment était arrivé. Je la soutenais
dans mes bras; la chère enfant me dit avec un
calme extraordinaire : « Ma Mère, c'est tout! »
Je lui répondis : « C'est Jésus. »

« A ces mots, Marie-Julie, qui s'était redressée
avec énergie, inclina la tête, joignit les mains, leva
les yeux au ciel... renouvelant dans ce dernier acte
sa parfaite adhésion à la volonté divine; puis,
droite encore, dans l'attitude d'un respect indéfi-
nissable pour son Créateur, elle rendit le dernier
soupir. »

Souvent, durant sa vie, la fidèle épouse de Jésus-
Christ avait répété cette simple prière : « Que mon
cœur, ô Jésus! brille devant vous comme la petite
lampe du sanctuaire, jusqu'au jour où vous l'étein-
drez doucement ici-bas pour la rallumer au ciel et
la faire éternellement briller devant le trône de
l'Agneau. »

Le flambeau venait de s'éteindre et de se rallumer, le jour même où l'Église, fêtant la troupe in-
nocente des enfants martyrs, chantait : « Et vierges
ils suivent l'Agneau partout où il va. » *Virgines
enim sunt; hi sequuntur Agnum quocumque ierit.*

A peine la nouvelle de cette heureuse mort se fut-elle répandue, que ce fut un concert de tendres regrets et de consolantes espérances. Tous disaient que cette âme pure était au ciel en possession de Celui qu'elle avait tant aimé.

Une religieuse écrivait : « Que de fois n'ai-je pas demandé au bon Dieu de me prendre à sa place! Mais il aurait trop perdu au change. Que sa volonté soit faite! »

Ses chères enfants la pleuraient, mais avec de douces larmes. Elles réclamaient sa protection et la suppliaient de leur obtenir à toutes l'amour de Jésus et de Marie Immaculée, de leur apprendre à garder le trésor de l'innocence, de leur inspirer, avec une piété solide, le sentiment généreux du devoir.

Ses sœurs surtout, au souvenir de ses vertus, éprouvaient l'ardent désir de lui devenir semblables et de vivre, de mourir comme elle, fidèles à leurs saintes règles, toutes dévouées à la plus grande gloire de Dieu et au bien des âmes.

Quelques mois avant sa mort, Marie-Julie écrivait dans ses notes spirituelles : « O Jésus! que

mon âme soit votre ciel; venez prendre en elle
votre repos et vos délices. »

A son tour Jésus daignait lui dire : « Venez, ma
bien-aimée, venez! » *Veni, coronaberis!*

D'après Fra Angelico.

LA CROIX OUVRE LE CIEL

Fresque d'Alph. Perin, dans l'église Notre-Dame de Loretto, à Paris.

PENSÉES ET MAXIMES

Que ma vie soit désormais comme une communion
dont l'action de grâces ne finisse jamais !

*

Contre-balancer sagement la défiance de moi-même
par une entière confiance dans le tout-puissant secours de Jésus.

*

« Mon Cœur, me dit Jésus, ne cesse de veiller sur
toi. Je marche à tes côtés. Ton âme est mon jardin
choisi ; je suis le jardinier ; je travaille avec toi dans
ce cher paradis et je le garde. Mon travail, c'est ta
piété, ta fidélité, c'est ton amour. »

*

O mon âme ! tu es heureuse parce que Dieu t'a découvert ce qui lui plaît. Il t'a montré la voie dans
laquelle il conduit ses bien-aimés. Ne connais donc
plus qu'une chose : la volonté de Dieu. N'aie plus
qu'une douleur : le péché ; un désir : la gloire de Jésus ; un regret : ton impuissance à l'aimer comme il
t'aime.

⁂

L'amour du devoir, le besoin du sacrifice, la pureté de la vie, sont les vrais et dignes fruits de la sainte communion.

⁂

Jésus, je veux me tenir à vos pieds comme Madeleine, dont j'ai si souvent envié le bonheur. Dites-moi aussi quelquefois, de votre voix la plus douce : *Marie !* et je vous répondrai : « Mon maître, *rabboni*, je vous aime de tout mon cœur et suis toute à vous. »

⁂

Me posséder toujours, être maîtresse de moi-même, afin de n'agir que par l'esprit de Jésus.

⁂

Envers le prochain en général, humeur égale, religieuse amabilité. Envers mes supérieurs, aveugle obéissance. Envers mes sœurs, simplicité et complaisance. Envers mes enfants, fermeté et douceur.

⁂

Mon bon Jésus, me voici ! Faites de moi tout ce que vous voulez et comme vous voulez. Moi, je ne veux qu'une chose : vous aimer et vous servir.

⁂

Seigneur, que votre simplicité lumineuse et vivante soit continuellement le point de départ et le point de retour de mon âme. Que mon cœur sache toujours se retrouver en vous et recueillir ses forces dans votre éternelle unité.

* *

Vivre au moment présent; c'est l'action présente qui sanctifie la vie.

* *

Prenez, Jésus, tout ce que j'ai, tout ce que je suis, et que votre grâce vienne en aide à ma bonne volonté.

* *

Oui, Seigneur, sans *si*... sans *mais*... sans exception! que votre volonté s'accomplisse en moi et en tout ce qui me touche!

SYMBOLE EUCHARISTIQUE

Tiré des ruines de l'église bâtie au quatrième siècle à Capharnaüm,
sur l'emplacement de la maison des apôtres Pierre et André.

TABLE DES MATIÈRES

Avant-propos 1

I. Première enfance 3

II. Marie à Saint-André 5

III. La jeune congréganiste 11

IV. Premières œuvres de charité 21

V. Entrée dans le monde 24

VI. Progrès dans la vertu 35

VII. Vocation 37

VIII. Cruelle épreuve 42

IX. Débuts dans la vie religieuse 47

X. La novice 52

XI. Mort d'une sœur 56

XII. Profession religieuse 60

XIII. La maîtresse 65

XIV. Les premières communiantes 71

XV. Les anciennes élèves 75

XVI. Maladie 81

XVII. Sainte mort 89

Pensées et maximes 95

FIN